LES ONZE
MAITRESSES
DÉLAISSÉES.

PAR

ARSÈNE HOUSSAYE.

II

PARIS

L. DESESSART, ÉDITEUR,
RUE DES GRANDS-AUGUSTINS, 22.

1841

ONZE MAITRESSES

DÉLAISSÉES.

ROMANS

DE M. ARSÈNE HOUSSAYE.

Nouvelle édition en cinq volumes in-8°.

Fanny . . . . un vol. in-8.
Les Aventures galantes de Margot. un vol. in-8.
La Belle au bois dormant. . . un vol. in-8.
Les Petits romans. . . . deux vol. in-18.

SOUS PRESSE,

Les Sentiers perdus, poésies un vol. gr. in-8.

LES ONZE
MAITRESSES
DÉLAISSÉES

PAR

ARSÈNE HOUSSAYE.

II.

PARIS,

L. DÉSESSART, ÉDITEUR,

22, RUE DES GRANDS-AUGUSTINS.

1841.

Imprimerie de WORMS, boulevart Pigale, 20 (*extra muros*).

VII

MARGUERITE.

MARGUERITE.

I

Je voyageais dans l'ancienne province du Vermandois, je voyageais comme un poète m'arrêtant à tout bout de champ pour admirer les splendeurs de la nature, gravissant les verdoyantes collines pour voir le soleil couchant, me reposant à toutes les fontaines pour y rêver d'amour, et enfin, le soir venu m'endormant avec délices sur le grabat d'une mauvaise hôtellerie. On touchait à l'automne, les pommes tombaient sur les sentiers, les vignes rougies appelaient le vendengeur, les chiens de chasse réveillaient l'écho des bois. Je cotoyais une petite rivière et je contemplais, avec un charme infini, les paysages attristés qui se déployaient sous mes yeux. Il y avait autour de moi tant de mélancolie et de sérénité, la rivière était si belle et si claire, le ciel était si doux et si pur que j'eus le dessein de passer au moins un jour au prochain village, dans l'espoir d'y goûter enfin le bonheur facile des mœurs patriarchales. Or, au prochain village j'allais franchir le seuil centenaire d'une auberge assez alléchante gardée par un dogue endormi, quand des cris confus m'avertirent que tous les paysans du lieu s'étaient assemblés pour quelque fête ou quelque spectacle de baladin. J'atteignis la foule : horrible fête! affreux spectacle! on allait pendre une belle fille de vingt ans. La monstrueuse potence tendait son bras infatigable; déjà la victime agenouillée devant les juges écoutait la sentence de mort ; elle était belle, elle était jeune, il fallait mourir. Le prévôt, qui avait des cheveux blancs, la regardait avec tristesse et compassion. Je fendis la foule et j'allai à lui.

— Vous ne ferez pas grâce à cette pauvre fille ? dis-je avec feu.

— Elle est criminelle, répondit-il, en secouant la tête et en soupirant.

— Mais qu'a-t-elle donc fait ?

— Elle a tué son enfant.

Mes cheveux se dressèrent, la belle coupable s'enlaidit à mes yeux, mais ses sanglots me déchirèrent le cœur et j'oubliai presque son crime.

— Elle est si jeune! repris-je, ne la condamnez qu'au repentir; laissez faire la justice de Dieu, ne lâchez pas le loup sur l'agneau. Si le roi Louis XIII la voyait, il la sauverait!

Tous les spectateurs s'étaient tournés vers moi.

— Peut-on avoir pitié d'une infanticide? dit une vieille édentée, dont les yeux rouges confessaient une mauvaise vie. Marguerite sera pendue, car elle s'est moquée des commandemens de Dieu; elle a oublié les saintes paroles de l'Écriture. Elle a eu un amant, elle est devenue mère. La mauvaise mère! la marâtre! elle a étouffé son enfant.

Pendant que cette vieille vipère se vengeait ainsi, je regardais la pauvre Marguerite. Elle était si pâle et si défaillante que je crus la voir trépasser.

Un prêtre s'approcha d'elle, et, suivant la coutume du pays, il lui demanda en face de la mort, en face du ciel, la confession de son crime.

— Confessez-moi votre crime, ma pauvre fille, la miséricorde du Seigneur est grande, espérez en lui.

— J'espère en Dieu, répondit Marguerite, d'une voix pleine de larmes. Et après un douloureux silence, elle murmura en levant les yeux au ciel : — Je suis coupable, Dieu sait comment, et il me pardonnera.

Elle jeta à la dérobée un regard amer sur une maison de belle apparence dont la porte était fermée. — Hélas! murmura-t-elle, ses marguerites sont belles encore...

Un des juges imagina que ce regard amer de Marguerite révélait un complice.

— Marguerite, dit-il d'une voix sonore,

j'ai deviné votre amant, c'est Henry, vous regardez s'il n'assiste pas à votre supplice. Tous les paysans levèrent les yeux vers une petite fenêtre déserte où s'encadrait souvent le fils du notaire, au-dessus d'une belle touffe de marguerites sauvages.

La pauvre Marguerite ne sachant que répondre pria le valet de la haute justice d'en finir avec elle; cet homme saisit la corde et voulut saisir la condamnée, mais je m'élançai vers lui et je le renversai à mes pieds.

— Elle ne mourra pas, dis-je, en faisant briller au soleil la lame de mon épée.

Le prévôt, le prêtre et les juges furent pétrifiés; les uns de surprise, les autres d'effroi. Marguerite me regarda d'un œil égaré,

— Je ne mourrai pas, dit-elle, je ne mourrai pas, ô mon Dieu! ô ma mère! ô mon enfant!

Elle tomba évanouie dans mes bras. Une grande agitation souleva la foule, les plus mutins levèrent la tête, j'entendis un grondement sourd et je prévis un éclat.

— Fuyez vite, me dit à l'oreille le prêtre, fuyez vite, ne soufflez pas la tempête.

— Je braverai la tempête, dis-je avec fierté.

Le prévôt réfléchissait, les juges se regardaient en pâlissant, les paysans faisaient toutes sortes de menaces.

Enfin le prévôt ordonna à ses archers de m'entraîner. Les archers s'avancèrent vers moi, mais s'arrêtèrent bientôt au bout de mon épée.

Cependant moi pauvre diable j'allais succomber, la pauvre Marguerite allait mourir, quand un carosse doré traîné par quatre chevaux blancs traversa lentement, lentement le lieu du supplice.

— Le duc de Montmorency! le duc de Montmorency! vive le duc de Montmorency! crièrent les paysans.

Une pluie de deniers tomba sur eux, et je me croyais délivré des mutins, quand, tout-à-coup je me sentis terrasser avec Marguerite.

Le ciel m'envoya une force surhumaine; je me relevai triomphalement, et je fis reculer les plus superbes; Marguerite gisait sur le sol; je la repris dans mes bras. J'allais prier le duc de Montmorency de la sauver, quand je le vis descendre de son carrosse et me tendre la main; je lui offris la main de Marguerite.

— Ayez pitié d'elle, duc de Montmorency, dis-je d'une voix émue.

— Ce que vous avez fait là est admirable, gentilhomme.

— Ne pensez qu'à Marguerite; on veut

qu'elle meure pour un forfait qu'elle n'a pas commis.

Le duc de Montmorency appela le prévôt.

— Je n'ai point droit de haute-justice en ce pays, lui dit-il ; j'emmène pourtant cette fille à Chantilly, car j'aurai sa grâce du roi.

Le prévôt s'inclina.

— Je cède tous mes pouvoirs à monseigneur ; mais si Marguerite n'est point pendue, les paysans se révolteront.

Le duc de Montmorency fit tomber une seconde pluie de deniers, et monta dans son carrosse avec Marguerite ; puis, me tendant encore la main :

— Votre nom ? me demanda-t-il ?

Je disparus dans la foule. J'entendis bientôt hennir les chevaux, et je les vis partir aux cris de, vive le duc de Montmorency !

II

Je veillais une nuit, et les yeux attachés sur mon labeur, je me laissais aller indolemment aux cours de ces rêveries vagabondes qui nous arrivent à notre insu, et que la moindre chose fait évanouir — une femme se trouva tout d'un coup devant moi — je levai la tête avec surprise.

— Marguerite! m'écriai-je.

— Oui, monsieur, Marguerite, votre servante dévouée — Marguerite qui vous doit la vie.

— Louis XIII vous a fait grâce!

— Le roi m'a fait grâce; mais je suis condamnée au bannissement. — Monseigneur de Montmorency a appris à Louis XIII votre belle action, et Louis XIII vous a nommé gentilhomme de sa chambre.

— Mais le roi ignorait mon nom.

Marguerite me présenta un parchemin.

— Le roi ignore toujours votre nom, qu'il vous faut inscrire sur ce parchemin.

— Mais comment m'avez-vous trouvé?

— Je vous ai cherché, mon bon ange m'a conduit ici; maintenant, je vais retourner à Chantilly; vous me direz votre nom, afin que je le puisse répéter au duc de Montmorency, qui a le plus grand désir de vous revoir.

Je fis asseoir Marguerite au foyer, et pendant qu'elle chauffait ses mains bleuies par le froid, je la regardai à la dérobée. Ses cheveux bruns relevés découvraient un de ces fronts vastes qu'on ne voit guère chez les paysannes de son pays; ses traits, assez purs pourtant, sa pâleur éternelle, ses yeux pleins d'éclat donnaient à sa figure un caractère énergique qui me plut beaucoup, mais qui me fit peur, quand je vins à penser au crime dont on accusait Marguerite.

Je lui pris les mains, et je lui dis, en la fixant :

— Marguerite, accordez-moi votre confiance; racontez-moi vos amours et dites-moi toute la vérité.

Marguerite baissa tristement la tête.

— Mes amours, monsieur! pourquoi me demander ma honte et mon malheur? Je n'aurai jamais la force de vous dire tout, puisque ma bouche s'est fermée comme par un prodige à l'instant où j'allais me confesser au prêtre que vous avez vu à mon supplice; ne me demandez pas l'histoire de mes amours, qui m'ont éveillée dans des bruyères fleuries et qui m'ont conduite devant une potence.

Marguerite laissa échapper un cri de douleur.

— Marguerite, racontez-moi vos amours et dites-moi toute la vérité.

La pauvre fille ne résista plus; elle retourna dans sa première jeunesse, elle recueillit ses souvenirs et commença ainsi:

— On m'a dit que mon père était un grand seigneur, et je l'ai cru, parce que je me suis toujours sentie mal à l'aise chez les paysans; cependant ma mère n'était que la femme de chambre du grand seigneur, qui la jeta à la porte la veille de ma naissance; ma pauvre mère accoucha dans la grange d'une métairie de deux enfans jumeaux, car j'ai un frère qui mendie sans doute à cette heure. J'ai grandi dans la misère ; ma mère mourut jeune ; mon frère, trop vite ennuyé de mes cris et de mes larmes, me délaissa et disparut à jamais du pays. Je demeurai seule à quinze ans, n'ayant qu'une bénédiction maternelle, n'ayant des mains que pour les tendre aux passans ou à la porte des riches.

Un jour qu'il faisait chaud, je m'étais couchée dans les bruyères, et j'y sommeillais de grand cœur, quand deux chiens de chasse aboyèrent auprès de moi; je me levai presque effrayée, et je vis le fils du tabellion qui s'approchait; je lui tendis la main

comme aux autres ; il la baisa lui! — et je
ne sais ce qu'il advint alors. Le fils du tabellion jeta mes haillons au feu et me fit
présent d'une jupe rayée, d'une brassière
bleue, d'un joli chaperon rouge—et bientôt
il jeta au feu ma jupe rayée, ma brassière
bleue, mon chaperon rouge, et me revêtit
comme les dames du pays ; les dames, jalouses de ma beauté — j'étais alors plus
jeune — les paysannes, jalouses de ma
belle robe, prièrent le ciel de m'envoyer
des malheurs ; le hasard, sans doute, répondit à leurs vœux, et, comme ma pauvre
mère, je devins mère avant d'être épouse.
Après les douleurs de l'enfantement, le fils
du tabellion vint me voir ; il avait l'air effaré. — Marguerite, me dit-il d'une voix
sombre et glaciale, je t'aime — mais si
jamais on sait quel est le père de ton enfant,
mon amour se changera en haine, mes soins

en persécutions. — Hélas! dis-je, quand on me demandera d'où me vient cet enfant, que pourrai-je répondre? Le fils du tabellion rêva long-temps, et se frappant le front : — Marguerite, les lois sont sévères; l'enfant d'une fille vaut à sa mère une prison et des chaînes; il faut te soustraire à cette punition. — Et que voulez-vous que je fasse? Il faut que ton enfant meure. — Jamais! m'écriai-je en prenant l'enfant sur mon sein — jamais!

L'homme qui m'avait séduite sortit et me laissa, et ses paroles fatales vinrent me tourmenter sans relâche. — Vers le soir, j'eus de mauvaises idées, je me mis en prières, mais je ne pus repousser les mauvaises idées, et dans la nuit...

Marguerite sanglota.

— Dans la nuit, j'étouffai mon enfant; au moins nulle lumière n'éclaira mon crime.

Je me sentis frissonner, et mes cheveux se dressèrent.

— Oh! Marguerite, c'est une horrible chose.

— Vous avez voulu savoir la vérité, et la vérité vous épouvante; je m'épouvante moi-même, et quand ce hideux souvenir saigne en moi, j'appelle la mort à grands cris; si la mort est trop long-temps sourde, j'irai à elle, car ma vie est affreuse; du matin au soir, je pense à mon enfant; du soir au matin, je le vois en songe, tantôt palpitant sur mon cœur, tantôt froid comme du marbre.

— Vous avez étouffé votre enfant, Marguerite!

— Je l'ai étouffé, je l'ai enterré dans un jardin, et je me suis enfuie; mais les méchans sont toujours punis, et sans vous j'aurais été pendue.

Nous gardâmes un long silence.

— Et le fils du tabellion, Marguerite?

— Je ne l'ai pas revu.

— Et vous l'aimez encore?

La voix de Marguerite s'affaiblit.

— Quoi qu'il arrive, n'aime-t-on pas toujours son premier amant?

Marguerite détournait la tête.

— Pardonnez-moi, monsieur, mais je n'ose plus vous regarder, car je vous ai confié ce que je ne dirai qu'à Dieu.

— La prière et le repentir vous sauveront, ma pauvre fille.

— Je n'espère pas, la mère sera damnée, mais au moins l'enfant est dans le ciel.

Marguerite se leva.

— Adieu, monsieur.

— Où allez-vous, Marguerite?

— A Chantilly.

— Mais cette nuit?

— Je ne sais.

— Il est deux heures du matin, il fait un temps effroyable, vous resterez ici jusqu'au jour.

— Je vous dérange.

— Nullement, vous vous coucherez là, dans ce lit.

— Mais c'est votre lit.

— Je travaille toute cette nuit.

Marguerite se défendit beaucoup ; elle céda enfin ; je la conduisis contre le lit, et je tirai les rideaux sur elle.

— Dormez, Marguerite.

J'entendis un soupir ; je vins me rasseoir devant le feu qui s'éteignait, j'y jetai des bûches, des écorces de bouleau, et je le ranimai. Je voyais dans mon imagination Marguerite sommeillant sur la bruyère, Marguerite étouffant son enfant, Marguerite me racontant ses amours, l'éclat de ses yeux, sa pâleur, sa beauté presque sauvage me revenaient sans cesse, et bientôt j'oubliai l'infanticide, je ne vis plus que la jolie mendiante séduite dans les champs; bientôt je ressentis une secousse démoniaque qui me poussait au mal; je me rapprochai de ma table, et je pris ma plume d'une main tremblante; je me demandai si les voluptés corporelles étaient indignes d'un philosophe, et je me répondis : — Marguerite n'a peut-être plus que son corset.

Je parvins pourtant à me maîtriser, à fermer les yeux sur l'image de Marguerite, à refouler dans mon cœur les mauvais désirs qui prenaient leur volée. Plus d'une heure se passa; j'avais ajouté une stance à l'*Immortalité de l'âme*, et je rêvais à la forme d'une seconde, quand le lit craqua. Je tressaillis, je laissai tomber ma plume et je regardai les rideaux qui me cachaient

Marguerite; cette fois je ne pus résister;
mon âme combattit et ne fut pas triom-
phante; je m'avançai vers le lit avec une
lenteur impatiente, m'effrayant du bruit
étouffé de mes pas, comme un homme qui
va commettre un meurtre. Je m'arrêtai,
j'entr'ouvris les rideaux en pensant que je
trouverais Marguerite endormie —

Marguerite était agenouillée devant le lit,
et, les mains jointes sur son cœur, elle veillait en priant. — O criminelle, que vous
étiez sublime!

Je faillis tomber à la renverse à la vue de
cette pauvre fille repentante. Le reflet des
flammes de l'âtre glissa sur ses yeux bai-
gnés de larmes et sur sa chevelure éparse.
Mes désirs charnels s'étaient soudainement
apaisés, et, plein d'enthousiasme, je me jetai
devant Marguerite, et je pleurai avec elle,

III

J'étais en prison à la Conciergerie pour le *Parnasse satirique,* qui est l'œuvre commune de tous les poètes de ce temps. J'écrivais les dernières lignes de ma défense quand un bruit de voix s'est fait entendre à la grille de fer. C'était une femme qui demandait à me voir. Une femme! un soleil qui luit dans les ténèbres.

Pour le misérable enchaîné, qui n'a d'éternel horizon que les murs humides du cachot, qui n'a de lumière qu'une lampe fumeuse, qui n'a de musique que le bruit de ses chaînes, rien n'est plus doux que l'apparition d'une femme; un damné, plongé dans les flammes infernales, verrait avec moins de bonheur descendre vers lui un ange, un messager de Dieu.

Or, une femme s'avança silencieusement vers une lumière, et dès qu'elle entrevit ma figure si pâle et si décharnée, elle tendit les bras et tomba devant moi. C'était Marguerite; je la reconnus à son front vaste, à ses grands sourcils, à la forme étrange de sa face; elle me sembla singulièrement vieillie; ses vêtemens révélaient une opulence déchue : ils étaient riches, mais fanés.

— Il y a quelque nouveau drame en sa vie, me dis-je en la contemplant; l'amour a repassé dans son cœur, et ses traces sont peut-être sanglantes.

Marguerite ouvrit les yeux et tressaillit; je l'avais appuyée contre moi, elle releva lentement la tête.

— Que ne m'avez-vous laissé mourir il y a dix ans! me dit-elle d'une voix coupée de sanglots.

Sa tête retomba.

— Vous avez fait une mauvaise œuvre; vous avez renversé mon échafaud, je viens vous prier à genoux de le relever; il faut que je meure! Je suis allée criant partout que j'étais une grande coupable, que j'avais étouffé mon enfant; nul n'a voulu m'entendre; tous m'ont dit que j'étais folle, tous ont ri de mes affreuses confessions; ayez pitié d'une misérable criminelle qui se débat contre la vie, qui appelle la mort à grands cris, mais qui n'a point la force de se tuer; allez, courez, cherchez des oreilles qui vous écoutent, des juges qui condamnent...

Marguerite me regarda.

— Pardon! pardon! j'oubliais déjà que vous êtes dans un cachot, dans un hideux cachot, j'oubliais que vous souffrez aussi.

Marguerite se tut.

— Mais vous n'avez pas étouffé votre enfant, reprit-elle; vous n'avez pas...

La criminelle sanglota encore.

— Marguerite, lui dis-je, quelque nouvelle catastrophe a troublé votre vie.

Elle se cacha la tête.

— Je suis la proie du mal; un démon me poursuit sans relâche; son regard me fascine et m'attire — je ne puis lui échapper.

— Marguerite, Marguerite, je sais votre histoire d'autrefois; j'attends la fin de la confession.

— Vous en savez trop déjà; n'ouvrez plus l'oreille à ma voix, laissez en mon âme toutes les choses hideuses qui y sont enfouies; ne faites pas saigner les plaies.

— Marguerite, c'est un frère dans le malheur qui vous parle, qui vous écoute.

Il y avait dans ma voix et dans mon regard une puissance que Marguerite ne put combattre.

— Je vous ai confié le commencement d'une mauvaise vie, vous saurez la fin.

Marguerite essuya ses larmes.

— J'étais bannie du village de mes amours; le duc de Montmorency m'avait accueillie dans son château; la duchesse était une amie pour moi, et j'aurais dû trouver le calme et le bonheur près d'elle;

mais les remords et l'ennui me poursuivaient sans relâche, mais l'amour de mon amant me ravageait toujours; il vint un temps où je regrettai de ne point être morte, un temps où je voulus mourir. Je me souviens de certaines soirées que je passais autour de l'étang de Chantilly, le regard plongé dans l'eau; c'étaient de tristes soirées; le soleil se couchait dans un lit de pourpre : je croyais voir un lit de sang; le vent agitait les feuilles : je croyais entendre les plaintes de mon enfant; j'avais de violens désirs de me jeter à l'eau; je ne fus jamais assez forte : les touffes de joncs arrêtaient mes pieds, les branches des saules retenaient mes mains. Un jour, pourtant, je fis, aux pieds de la vierge Marie, le solennel serment de me noyer, de me pendre, de mourir. Avant d'accomplir cet horrible serment, je voulus revoir une dernière fois le pays de mes amours : c'était au temps où les bruyères sont fleuries ; je voulus dormir encore dans les bruyères. Je sortis à la hâte de Chantilly ; je suivis la rivière, et, deux jours après, je vis l'aiguille du clocher que j'avais vue tant de fois. Je n'osai point entrer au village ; je m'assis sur une berge aride que la rivière baignait dans les grandes pluies, et je perdis mon regard sur les flots bleus qui renversaient à mes pieds un bouquet de fleurs d'or ; la nuit tombait et couvrait de deuil ma solitude profonde ; les eaux se teignaient de couleurs lugubres ; les fleurs d'or penchaient leurs têtes et disparaissaient. Une affreuse tristesse me remplit le cœur ; le délire m'éblouit ; je fis quelques pas sur la berge, et je me précipitai ; mais un bras saisit ma robe : c'était le bras de mon amant — et je ne mourus point.

Le souvenir agita singulièrement Marguerite.

— Cette aventure doit vous paraître romanesque? elle est vraie pourtant — que n'est-elle fausse, mon Dieu ! — Mon amant pêchait à deux pas de moi : des touffes d'osier me l'avaient masqué. A la vue d'une femme qui tendait les bras avec délire, d'une femme qui semblait suspendue au-dessus de la rivière, il avait laissé ses hameçons, il était accouru. — Vous m'avez sauvée de la potence, il m'empêcha de me noyer. Quand il vit que j'étais Marguerite, il s'agenouilla devant moi, il me supplia d'avoir pitié de lui, il me baisa les pieds. Ses baisers me rendirent la force de marcher dans la vie ; son amour repoussa la mort. Il me dit que je serais indignement chassée du village si j'y rentrais, et nous fûmes à quelques lieues de là, dans le château d'un de ses amis qui voyageait ; nous passâmes des heures d'amour dans ce château ; mais ce n'était plus ce doux et calme amour d'autrefois, ce n'étaient plus ces ravissantes mélodies qui nous enivraient ; c'était quelque chose de farouche et de fiévreux, et toujours une voix du ciel me criait, dans nos embrassemens : — Il y a du sang entre vous !

J'entendis une longue plainte, un gémissement sourd.

— Quand le maître du château fut de retour, mon amant lui ouvrit ma porte et lui dit : — Voilà ma maîtresse ; une jolie fille, n'est-ce pas? Je tombai morte sur les dalles. Vous savez que j'ai un frère : mon frère était devant moi ; le mendiant était devenu marquis de Saint-Pierre.

— Marquis de Saint-Pierre ! m'écriai-je.

— Vous connaissez mon frère? me dit Marguerite.

— O Robert de Saint-Pierre ! il était temps de mourir.

— Robert de Saint-Pierre ! vous avez vu Robert de Saint-Pierre? vous avez vu mon père?

Je racontai à Marguerite la vie et la mort du vieux poète.

— Oui, dit-elle, il était temps de mourir; au moins il n'a pas vu les infamies de ses enfans; car, vous l'ignorez encore, mon frère fut aussi coupable que moi.

Marguerite reprit son récit.

— Oui, l'ami de mon amant était mon frère; le fils naturel de Robert de Saint-Pierre avait ramassé des titres de seigneurie et s'était mis en possession du château délaissé; dans les doux loisirs d'une vie opulente et dissipée, l'ingrat avait oublié sa sœur mendiante, et quand je tombai morte à ses pieds, quand mes traits lui rappelèrent que ma mère avait eu deux enfans, au lieu de s'émouvoir de pitié, il lui prit une rage violente; il me croyait morte, et mon apparition renversait la plus chère de ses espérances. — Une sœur! une sœur flétrie! dit-il en grinçant les dents; une sœur qui est maîtresse d'un gentillâtre! infernale rencontre! Ces hideuses paroles résonnent toujours à mes oreilles. Il craignit que mon amant ne révélât ce secret ou ne confiât l'amour de sa sœur, et, pendant que j'étais évanouie, il le fit enfermer dans une grande tour que les huguenots élevèrent à la fin des guerres de religion; quand je revins à moi, il me dit que mon amant était parti sans retour; je dévorai mes larmes en silence; il essaya de me faire bon accueil; il m'assura que j'étais sa sœur bien-aimée, et me parla

de notre mère avec une feinte sensiblerie.
Le lendemain, le hasard me fit découvrir
mon amant; j'embrassai les genoux de mon
frère; je le suppliai de déchaîner son captif;
je lui promis de nous enfuir et de ne jamais
reparaître. Dans ma prière, j'avais saisi sa
main ; j'y pressai mes lèvres, et quand je
levai le regard pour lire notre arrêt dans
ses yeux, je fus effrayée du feu étrange
qu'ils jetaient ; je fus effrayée de l'amoureuse langueur qui les baignait.

Marguerite se tourna vers moi.

— Vous avez compris, n'est-ce pas? me
dit-elle avec égarement.

Je ressentis une froide horreur.

— Vous avez compris que ce n'était pas
un amour fraternel...

Marguerite frissonnait.

— Non, c'était un amour, un amour
dont j'aurai toujours peur et dont je frémis

encore. — Mon frère me promit la grâce de mon amant, mais mon amant mourut le lendemain. Mon frère fut assez barbare pour me traîner dans sa prison à l'heure de sa mort ; je n'essaierai pas de vous peindre les tristesses de ce tableau, je me sens à peine la force de vous parler de mes luttes... O mon père, ô ma mère, quels misérables enfans sont les vôtres !

Marguérite laissa tomber ses bras avec désespoir.

— Quelle affreuse destinée, Marguerite ! La débauche et la misère ont tué votre père et votre mère, l'amour a tué votre enfant et votre amant.

— Et le remords tuera le frère et la sœur.

— Et que se passa-t-il encore au chateau de Saint-Pierre ?

— Quand je vis mon amant mort, je me jetai sur mon frère, comme une lionne —

la furie me rendait forte, je lui déchirai les joues, j'essayai de l'étrangler.

Marguerite m'effrayait.

— Puis je m'enfuis du château de Saint-Pierre, je courus chez le prévôt de la province, je lui dis que j'avais étouffé mon enfant et que je devais mourir : le prévôt me crut folle et me chassa. J'allai dire mon crime ailleurs, on me crut toujours folle, on ne voulut jamais me croire criminelle. Vous seul savez que j'ai mérité la corde, vous seul pouvez relever ce que vous avez renversé; je vous le demande, puis-je rester en ce monde, où je suis déchirée de remords, où je suis pourchassée d'un hideux amour; dans ce monde où j'ai vu mourir mon amant, où j'ai commis un crime horrible! — Non! il faut que j'aille ailleurs, fût-ce aux enfers!

La malheureuse était dans une grande agitation.

— Priez, Marguerite, lui dis-je.

Elle secoua la tête.

— Je n'ose plus, me répondit-elle avec une voix pleine de larmes.

— Croyez en la miséricorde de Dieu, quelque temps encore et vos souffrances seront calmées. Je suis plus misérable que vous, je suis déjà mort, puisque j'ai déjà perdu toutes les douces choses de la vie — la lumière, la musique, les parfums. — Je me résigne pourtant, je prie, je pleure sur mes péchés, j'espère toujours.

— Priez, pleurez, espérez; mais faites que je meure.

Marguerite avait les yeux hagards.

— Je suis donc bien faible, reprit-elle, puisque je ne puis me tuer !

Elle se leva tout à coup, et regarda la muraille.

— Non, non, mon sang vous épouvanterait.

La pauvre femme voulait se briser la tête.

— Adieu, me dit-elle, adieu, car je sens que je deviens folle et j'ai peur de moi. Il me reste une ressource, je vais aller me jeter aux pieds de Louis XIII; il m'a fait grâce de la mort, je le supplierai de me faire grâce de la vie.

Je retins Marguerite, qui reprit d'une voix sourde :

— Attendez la mort, moi je cours audevant d'elle.

Elle s'échappa de mes bras et s'élança vers la porte du cachot. Je la suivis en vain.

*

(Ici s'arrête le récit du vieux poète Théophile, mais non pas l'histoire de Marguerite. Quand il sortit de prison, il se réfugia à Chantilly au château de son protecteur le duc de Montmorency, et là il fut témoin de cet autre tableau de l'histoire de la pauvre fille.)

IV

Un soir d'avril, le poète, penché à son balcon, regardait la face brunie de l'étang, quand il entrevit une robe flottante dans le feuillage transparent d'un saule ; il descendit à la hâte, il marcha sans bruit vers le saule et s'arrêta à une distance de quelques pas. Une femme bizarrement vêtue s'inclinait au-dessus de l'eau et regardait autour d'elle, avec des yeux égarés; il essaya de saisir les traits de cette femme, mais ce fut en vain, car une branche pendante tremblait devant elle et lui formait un voile. Elle murmurait quelques paroles confuses qui se perdaient dans le souffle du vent.

Cette apparition romanesque frappa Théophile et l'émut violemment; il s'avança en silence vers l'étang, mais la femme qu'il entrevoyait s'enfuit tout à coup; il la suivit avec empressement; elle courut jusqu'à la sortie du parc, qui n'était séparé des champs voisins que par un ruisseau bordé de mûriers sauvages et d'églantiers; deux vieilles planches recouvertes de mousses formaient un pont chancelant, où elle s'aventura sans crainte; en abordant à l'autre rive, elle se déchira les pieds aux épines; Théophile entendit un cri de douleur. — Après s'être éloignée de quelques pas, elle revint et glissa ses mains dans les ronces, et quand elle vit jaillir le sang, elle se mit à rire, mais du rire sec et terrible des agonisans et des fous. Elle reprit sa marche rapide à travers les champs de fleurs, elle arriva bientôt à l'entrée de Chantilly et s'arrêta devant une chétive maison, qui semblait demander l'aumône au passans.

La vision mystérieuse franchit précipitamment le seuil de la chétive maison, et Théophile, qui l'avait toujours suivie, vit se fermer la porte; il écouta long-temps, et long-temps une plainte étouffée déchira son cœur.

Il reprit le chemin du château, ne voyant que cette femme étrange, qui se glissait dans le parc, pour contempler l'étang et qui se déchirait les mains aux épines.

La nuit se passa, sans qu'il pût dormir;

ses oreilles étaient toujours ouvertes aux plaintes de cette femme; le jour suivant lui parut d'une morne lenteur. Plein d'impatience et d'agitation, il vit passer les heures; dès que les teintes brunes du soir se répandirent dans le parc, il s'appuya comme la veille sur la balustrade du pavillon et regarda constamment les alentours de l'étang; le soleil disparut, l'horizon enflammé s'éteignit, la nuit couvrit la terre et le ciel; mais les bords de l'étang étaient toujours déserts; il les cotoya, il secoua de ses pieds les gouttes de rosée suspendues aux herbes et brillant dans le calice des fleurs sauvages, comme des diamans sur le sein des femmes. — Un bruit de feuilles le fit tressaillir, il se retourna et vit flotter une robe; esclave d'un désir qui le tourmentait, il se jeta étourdiment à la rencontre de celle qui l'avait tant tourmenté.

Il l'atteignit bientôt.

— Qui êtes-vous, Madame, qui êtes-vous ?

— Une folle !

— Marguerite ! s'écria-t-il.

C'était Marguerite.

— J'ai peur de vous.

— Je la croyais morte, dit Théophile.

— Ne regardez pas, ne regardez pas dans l'étang !

Marguerite ferma les yeux.

— Sauvez-vous, car vous n'avez pas le droit de me troubler ainsi.

— Elle est folle ! dit-il.

Il lui prit les mains.

— Marguerite, n'ayez pas peur de moi, je suis votre ami, je sais vos malheurs.

La folle regarda Théophile avec des yeux hagards.

— C'est mon sauveur ! dit-elle.

Elle se jeta dans ses bras.

— Vous pensez toujours à moi ; vous n'oubliez pas Marguerite ; vous êtes le seul.

Marguerite regarda encore autour d'elle.

—Nous sommes dans un désert ; asseyons-nous sur l'herbe, et je vous finirai ma confession. Vous êtes le miroir de ma vie, et je veux que vous gardiez tous ses reflets.

Après un silence :

— On dit que je suis folle, ne le croyez pas ; on dit que je suis folle, parce que je viens souvent la nuit regarder dans cet étang.

Marguerite se pencha au-dessus de l'eau.

— Il n'est pas encore l'heure !

— Mais que voyez-vous dans cet étang, Marguerite ?

La folle sourit.

— Vous ne devinez donc pas ?

— Vous voyez des roseaux ?

Marguerite prit un air moqueur.

— Vous voyez, comme autrefois, de grandes fleurs d'or se couchant dans l'eau?

La folle se rapprocha de Théophile, et lui dit à l'oreille :

— Je vois mon amant, je vois mon enfant ; tous deux sont ensemble au ciel, et le ciel n'est pas dans cet étang? Quand ce grand nuage sera passé, quand les trois étoiles trembleront sous les osiers, ils reparaîtront comme hier; ils me tendront les bras; ils m'appelleront à eux. Je suis bien lâche! je n'ose pas me lancer à leur rencontre ; car il faut traverser l'étang, et l'eau est si froide encore!

Marguerite s'étendit sur le bord de l'étang, et trempa sa main dans l'eau.

— Toujours froide! Mais le soleil sera plus ardent demain qu'aujourd'hui.

Théophile releva Marguerite.

— Vous ne vous doutez pas des extases qu'ils ont au ciel : c'est une joie éternelle qui ne s'altère pas! — Toujours de ravis- santes simphonies, des vapeurs d'encens! Le nuage est passé, les trois étoiles brillent sous les osiers!

La folle se tut, et jeta un regard avide dans l'étang.

— Voyez-vous! voyez-vous! Qu'il est beau, mon enfant! Quel ange charmant dans son écharpe blanche!

Marguerite recula avec épouvante.

— Ne regardez plus! ne regardez plus! Elle se mit devant Théophile.

— Fermez les yeux, je vous en supplie! Par pitié, n'écoutez pas! Vous verriez deux cadavres, vous entendriez les plaintes d'un enfant qu'on étouffe et d'un homme qui meurt de faim!

La folle tomba agenouillée.

Puis elle se suspendit aux branches d'un saule, et s'enfuit tout à coup.

— A demain, dit-elle à Théophile.

Le poète la suivit.

— Marguerite, laissez-moi vous conduire au village.

— Oui, car j'ai peur quand je traverse cet enclos; j'ai peur, quand je vois la masure. Cette masure me rappelle des choses lugubres!

Quand Théophile et Marguerite arrivèrent devant la porte, une vieille sortit avec un balai.

— C'est ma seule amie, dit la folle.

La vieille s'inclina, et les laissa passer.

— Voilà notre palais! s'écria Marguerite.

Théophile fut frappé de l'étrange aspect de ce misérable réduit. Quelques racines de vignes se consumaient dans le foyer, et jetaient par intervalles une lumière qui blanchissait les murailles, et qui glissait en tremblant sur des ailes de chauve-souris, sur des carcasses de hiboux et d'orfraies, pendues au plancher en forme de cercle cabalistique.

— C'est une vieille sorcière, dit Marguerite; elle a fait un pacte avec le diable : toutes les nuits, elle va dans le bois voisin, elle cueille des feuilles de chêne, elle y imprime la marque du sabbat, elle conjure Satan de souffler dessus, et les feuilles de chêne se changent en feuilles d'or ou d'argent.

Marguerite pria Théophile de s'asseoir sur un banc de bois renversé au coin du feu.

— Oui, c'est une vieille sorcière, reprit-elle; tous les soirs, c'est elle qui m'envoie à l'étang du parc, et qui fait apparaître mon enfant. Autrefois elle était la bien venue du duc de Montmorency, qui ne pense plus guère à nous au milieu des fumées de la guerre.

Théophile laissa sa bourse sur la cheminée, et s'en retourna au château en cachant ses larmes.

On n'a pu savoir comment a fini la pauvre Marguerite. Elle a fini tristement à coup sûr mais qui est-ce qui finit gaiement en ce monde ?

VIII

SUZANNE AMANTE.

I

SUZANNE AMANTE.

Suzanne était la fille la plus charmante du monde. Sa jeunesse s'écoulait au village de Valvert dans le silence, dans la solitude, dans la rêverie. Elle n'avait pas d'autre amie que sa mère, qui avait pour elle un cœur de mère et un cœur d'amie. La pauvre femme, veuve d'un colonel mort dans la guerre d'Espagne, avait à peine quelques débris de fortune pour préserver sa fille d'une profonde misère. Suzanne avait trop d'illusions, trop d'espérance, trop de prismes dans les regards pour voir la misère qui était partout autour d'elle. Sa mère, sans cesse déchirée par la désolante pensée que sa fille serait un jour seule et pauvre dans ce monde, sa mère, qui avait perdu en vieillissant toutes les chimères qui caressaient sa fille, mourut bientôt dans la douleur et dans le désespoir; elle s'en alla prier Dieu au ciel d'être la richesse et la consolation de la délaissée sur la terre.

Il y avait dans la vallée de Valvert un château transformé en ferme; la châtelaine, qui était devenue fermière, assista au convoi de la veuve, et, touchée des larmes de Suzanne, elle l'arracha du cimetière, et l'accueillit en son château. Cette belle œuvre surprit tout le monde ; car madame de Vermand était une de ces femmes dont le cœur se dessèche en veillissant ; l'égoïsme était sa divinité : elle aurait mis le feu au village de Valvert pour se chauffer les mains. C'était plutôt pour être servie que pour servir son prochain qu'elle recueillait Suzanne ; avec l'orpheline il lui fallait une servante de moins ; et puis elle avait songé que Suzanne embellirait son château : c'était une rose éclatante dans un bouquet flétri. Madame de Vermand avait surtout songé à une récompense dans ce monde et dans l'autre. — Ma récompense sur la terre, pensait-elle souvent, c'est Suzanne elle-même qui est le plus doux appui de ma vieillesse.

Au château ou plutôt à la ferme de Valvert, Suzanne pleurait sa mère qui ne lui avait laissé qu'une bénédiction. Son existence était simple et calme comme au village où elle n'allait plus que les dimanches à l'heure de la messe. Sa seule joie en ce beau temps de sa vie dont le voile de tristesse était soulevé par l'espérance, sa seule joie avait sa source dans l'amour de la nature. Ce sentiment, perdu dans les ténèbres de son cœur, s'agitait à la vue d'une belle aurore, d'un bocage arrosé, d'une claire fontaine, d'un soleil couchant; au bruit murmurant des eaux et des vents, des feuilles et des oiseaux. Chaque heure lui révélait un mystère dans son amour si fécond en mystères. Tous les soirs, légère comme une ombre, elle fuyait au jardin, elle se jetait dans une tonnelle de chèvrefeuille, et là, cachée à tous les regards, elle s'abandonnait au cours des flottantes rêveries. En vain elle essayait d'entendre les voix de son âme : ces voix étaient confuses comme les rumeurs lointaines.

En passant un matin par la chambre de madame de Vermand, elle entrevit dans l'alcôve, à la tête du lit, un gracieux portrait d'enfant, dont le regard la suivit jusqu'à la porte. Cette blonde et souriante image se grava aux abords de son âme. Dans son amour de toutes choses, elle n'avait rien étreint; ses yeux, toujours ravis, n'avaient pas cessé d'errer : les bras longtemps ouverts se refermèrent; les yeux se reposèrent; — alors, dans ses rêveries confuses et voilées, elle voyait apparaître une blonde chevelure, une bouche qui souriait, un regard attrayant — comme on voit au travers des vapeurs du matin apparaître çà et là un bouquet d'arbres, une roche de la montagne, une volée de ramiers; alors elle saisissait déjà les formes encore incertaines de ses songes bleus ; elle avait senti que son cœur battait plus vite à la porte de la chambre de madame de Vermand ; toutes ses espérances, toutes ses illusions allaient voltiger autour du portrait; c'était la lumière scintillant dans la nuit, la lumière où les pauvres phalènes allaient brûler leurs ailes de gaze.

Cet enfant blond, qui avait un sourire pour tout le monde, était le seul débris de la famille de Vermand : — c'était Olivier. Il finissait alors ses études à Paris. Suzanne se souvenait vaguement de l'avoir vu autrefois à Valvert, soit dans le piteux char-à-bancs du château, soit à l'église, dans la chapelle où s'isolait la noble famille ; mais ce n'était encore qu'un enfant, tandis qu'au temps où l'orpheline adorait son image, il était devenu un homme accompli ayant passé par tous les sentimens de la vie hu-

maine. Aux fleurs de son teint, à la souplesse
et à l'abondance de ses cheveux, on devinait
pourtant qu'une grande passion ne l'avait
point ravagé. Il s'était surtout épris des filles
d'opéra ; il avait cherché l'amour dans des
cœurs déserts; il avait vainement gaspillé
les roses de son âme. Après les filles d'opéra,
ce qu'il aimait le plus au monde était son
costume d'incroyable — car Olivier était une
de ces natures indolentes et faibles, s'effrayant des grandes choses et ne s'attachant
qu'aux frivolités mondaines. Ainsi, au sein
des gloires de l'empire, il ne songeait qu'à
vaincre un obstacle dans l'amour. N'avait-
il pas raison ? La gloire n'est-elle pas plus
attrayante là que dans la guerre ?

II

On se lasse de tout dans la vie, surtout des amusemens et des jeux de l'amour. Olivier s'ennuya de ses fugitives conquêtes, et d'ailleurs, souvent rappelé en Normandie par madame de Vermand, il dit un jour adieu à Paris, à ses fêtes, à ses femmes, à ses plaisirs. Le lendemain il fut de retour à la ferme. C'était à la nuit tombante. Ce soir là madame de Vermand, qui ne l'attendait pas sitôt, était sortie depuis quelques minutes : un de ses serviteurs avait versé une charrette de trèfle, et elle avait voulu voir le dégât causé par cet accident. Olivier, surpris de trouver la ferme déserte, errait à l'aventure par les grandes salles solitaires. Tout à coup son regard s'arrêta sur Suzanne, qui rêvait tristement sous le rideau d'une fenêtre. La pluie l'avait chassée de la tonnelle, sa patrie, son oasis ; elle s'en était revenue à la ferme suivie de ses joies, de ses tristesses, de ses espérances et de ses enchantemens. Olivier, frappé de cette charmante vision, s'arrêta devant la fenêtre, pâle et chancelant comme s'il se fût trouvé devant un fantôme. Suzanne tressaillit et appuya sa main sur l'espagnolette de la croisée. Olivier, qui voulait dévoiler ce mystère, souleva le rideau et pencha la tête vers la jeune fille, qui demeura immobile comme une statue. Il tendit la main pour saisir sa robe; mais Suzanne, effarouchée, s'élança sous le rideau et disparut dans l'ombre : en vain Olivier essaya de la revoir; il perdit son temps en recherches. Cette vision toute romanesque enflamma sa pensée; les caresses de sa mère, les souvenirs de son enfance, qui s'étaient réveillés ce jour-là à la vue du manoir paternel, ne purent étouffer cette pensée ardente.

Il était au coin du feu devisant avec sa mère à demi-morte de joie, quand Suzanne parut sur le seuil de la porte pour servir le souper. Olivier lui fit un profond salut; madame de Vermand, froissée de cette galanterie, dit à son fils avec humeur : — C'est ma servante.

Olivier, confus, se mordit les lèvres; il venait de tomber du ciel où la vision l'avait élevé; durant quelques minutes, il n'osa détacher ses yeux des flammes rouges de l'âtre; mais ayant entendu la douce voix de Suzanne demandant une clef à madame de Vermand, il jeta un regard de travers et fut étrangement surpris de voir une belle fille de seize ans, svelte, délicate, gracieuse comme une jeune fée; l'or de ses cheveux flottans éclatait à la lumière; son œil voilé avait le regard humide et tendre des vierges allemandes. Son costume du pays formait un heureux contraste à sa mignardise. Madame de Vermand, qui devinait l'admiration d'Olivier, regarda sévèrement Suzanne, en cherchant un sujet de réprimande. La pauvre fille, qui était en souci de plaire à Olivier, avait paré sa chevelure d'une rose d'automne déjà fanée. En paraissant devant

Olivier, elle avait rougi de sa coquetterie ; elle eût bien voulu dérober la fleur à ses regards, mais il n'était plus temps.

— D'où vous vient cette rose ! lui dit d'une voix aigrelette madame de Vermand ?

— Je l'ai cueillie, madame.

Suzanne penchait la tête comme une pécheresse qui avoue un crime.

— Je vous ai défendu de cueillir des fleurs, mademoiselle, vous finirez par ravager mon jardin ; grâce à vous, je n'ai déjà plus de roses d'automne.

Olivier souffrait comme un martyr, ou plutôt comme Suzanne ; toujours indolent ou faible, il ne prenait pas la peine ou n'osait prier sa mère d'avoir pitié des larmes de sa servante. Suzanne révoltée d'une colère si injuste, détacha la rose de ses cheveux et la laissa tomber. Il y eut dans cette action muette tant d'éloquence, tant de noblesse, tant de dignité qu'Olivier tout ému jura sur son âme de toujours protéger Suzanne contre sa mère.

Quand le souper fut servi, Suzanne s'empressa de sortir, et ce fut en vain que madame de Vermand la rappela. — Cette petite sotte, dit-elle à son fils, est indigne de mes bienfaits; si je n'avais compati à son infortune, elle languirait dans la plus déplorable misère. C'est la fille de cette sauvage de Valvert, dont nous nous amusions tant,

— Suzanne! s'écria Olivier, en se ressouvenant qu'autrefois il avait admiré sa grâce enfantine; — c'est votre servante, ma mère? reprit-il avec angoisses.

— C'est plutôt une amie, dit madame de Vermand, qui craignait de froisser son fils ; je sais trop ce que je dois au souvenir de sa mère, pour me servir de sa fille comme d'une des femmes que je paie; mais la paresse devient coupable, mon fils, le travail est la source de tous les biens, je ne veux pas voir Suzanne oisive.

Olivier, qui se croyait mort à l'amour, sentit son cœur se ranimer à la pensée de Suzanne. Cet amour s'éveillait dans des tristesses infinies, sans espérances à sa suite : madame de Vermand lui coupait les ailes à sa naissance. Ces amours tristes et souffrans fermentent sans cesse dans une tendresse languissante ; d'abord étrangers aux ardeurs de la joie, aux charmes des illusions, ils font plus de brèches à l'âme que les amours enflammés, car ces amours-là s'éteignent à la moindre averse. Olivier aima donc Suzanne, non de toutes ses forces, mais de tout son cœur ; son âme était en harmonie avec les mélancolies du château, et rien ne le charmait plus dans sa douloureuse passion que la vue des teintes

automnales, répandues sur toute la nature.
Il cherchait la solitude et fuyait sa mère.
Il était devenu si timide dans son amour,
qu'il n'osait aborder Suzanne. Et pourtant
que de femmes il avait déjà abordée! Mais,
dans sa route amoureuse, il n'avait jamais
rencontré une fille si pure et si rougissante
que Suzanne; il se trouvait dépaysé; à
Paris l'amour est toujours dans l'ivresse,
la tête est égarée par l'éclat de toutes choses, par la lumière, par la musique et surtout par le regard attrayant des femmes;
quand la tête est égarée, l'amour s'enhardit; mais dans le silence et dans la solitude
des champs, la tête se calme et l'amour redevient timide; l'amour se voile comme
une jeune fille qui craint un rayon du soleil, un regard des hommes.

III.

Un soir, Suzanne, qui s'était réfugiée sous la tonnelle où l'attendait toujours la troupe folâtre des chimères, contemplait le soleil pâli, qui se noyait au couchant dans les vapeurs flottantes. Olivier vint à passer. A la vue de Suzanne, il se troubla, et poursuivit involontairement son chemin ; mais après un détour il étouffa sa timidité d'enfant, revint sur ses pas et franchit d'un bond le seuil de la tonnelle. Dans sa candeur Suzanne ne s'effaroucha pas de cette soudaine apparition ; elle regarda Olivier, et sa tête attristée retomba sur son sein. Olivier, redevenu calme, lui saisit la main et la pressa en silence ; il demeura pendant quelques secondes penché vers Suzanne, sans pouvoir lui parler ; mais ayant vu se baigner les cils de ses blondes paupières, il appuya les lèvres sur son front, et murmura : Suzanne, je vous aime. Suzanne, ravie, ne songea pas à se défendre d'un second baiser ; elle recueillit dans son âme les douces paroles d'Olivier, et s'abandonna sans crainte aux élans de son ivresse. Je ne vous raconterai pas les pures délices de cette soirée, les chastes plaisirs de cette heure odorante d'amour. Olivier, qui avait retrouvé sa candeur passée, dévoilait son âme à Suzanne; jamais confidence amoureuse ne fut plus tendre et plus vraie; il n'eût pas voulu, pour un baiser, tromper Suzanne qui avait foi en sa parole. Suzanne, à son tour, confessait son péché d'amour; à chaque mot galant, Olivier s'imaginait voir sortir une rose de sa bouche; et pendant ces charmans aveux tous deux souriaient d'enchantement, tous deux se croyaient emportés dans le bleu des nues, Olivier frémissait en baisant la main de Suzanne, Suzanne frémissait au baiser d'Olivier. Je vous le dis, c'étaient des joies perdues en ce monde depuis que les bienheureux n'y descendent plus.

Olivier et Suzanne retombèrent des nues à la voix de madame de Vermand qui était venue au jardin cueillir des fruits pour le dessert du soir. Suzanne s'échappa de la tonnelle et prit son vol vers la ferme ; Olivier demeura sur le banc de pierre, entouré des plus beaux songes de l'amour; il s'étonnait de trouver encore sous un repli de son âme un sentiment si pur et si divin ; à seize ans il avait eu de la croyance en l'amour; plus tard, dans les délires de la passion, il avait douté des élans du cœur; alors il y croyait comme à seize ans; mais il était surpris qu'une âme ravagée par les voluptés, redevînt tout d'un coup le berceau d'un amour qui semblait descendre du ciel. La jeunesse la plus pauvre a des trésors irravissables de fraîcheur et de pureté. L'âme la plus dévastée garde jusqu'à la mort quelques fleurs pour les mains de l'amour.

Le lendemain, Olivier et Suzanne se retrouvèrent comme par miracle dans la tonnelle ; ils s'y retrouvèrent encore les jours suivans; le soleil d'octobre leur jetait tous les soirs un regard d'adieu, et la lune, plus triste encore que le soleil d'automne, assistait à leurs sermens; leur amour demeurait pur sans nul désir ardent, sans nulle espérance coupable; ils se laissaient nonchalamment aller à la vie comme un nuage au vent. Olivier ne vivait qu'en Suzanne, Suzanne ne vivait qu'en Olivier; ou plutôt ils avançaient ensemble sur la route humaine, s'appuyant l'un sur l'autre, respirant le même air, cueillant la même fleur, écoutant la même chanson. Et pourtant cet amour plein de délices était toujours noyé dans la tristesse : Suzanne voyait souvent un nuage noir au ciel de son âme ; elle ressentait une sympathie déchirante pour la nature dépouillée; elle la regardait comme une sœur à son lit de mort; elle suivait avec douleur les feuilles tombantes qu'un

souffle chassait au loin ; quand les feuilles
se détachaient vertes encore de leurs rameaux, sa douleur était plus amère ; tantôt
elle s'imaginait, la poétique enfant, que
peut-être le lendemain elle serait détachée,
ainsi que son amant de l'arbre de la vie, et
qu'un vent capricieux les disperserait dans
l'immense vallée ; tantôt elle tremblait que
l'âme d'Olivier ne fût changeante comme
la nature ; tous les soirs, à travers les grands
bois de chênes, elle contemplait avec des
joies et des peines infinies l'horizon en feu,
pâlissant et s'éteignant peu à peu dans la
nuit — elle croyait voir l'image de son
amour. Olivier lui-même n'était pas étranger aux tristes impressions de l'automne ; il
aimait le tableau désolant des bois, dont les
teintes pâlies n'étaient plus animées que
par le feuillage rougi des cerisiers sauvages.

IV

Madame de Vermand songeait depuis long-temps à marier son fils. Parmi les héritières d'alentour, mademoiselle de la Roche l'avait séduite; c'était une grande fille du château voisin. Sa laideur avait passé en proverbe dans le pays ; elle était méchante et colère; mais tout cela ne l'empêchait pas d'avoir quelques agrémens. Le premier de ces agrémens était son domaine. Depuis sa naissance madame de Vermand était jalouse des bois touffus, des champs fertiles, des vignes prodigues du château de la Roche; elle avait souvent pensé à réunir cette dépendance à sa ferme, et elle ne désespérait pas d'accomplir son dessein. Au retour d'Olivier, elle lui avait dépeint le domaine de la Roche sous des couleurs attrayantes. Olivier, sans souci des biens étrangers, ferma d'abord l'oreille aux beaux discours de sa mère; cependant l'attrayante peinture du château de la Roche se grava peu à peu au front de ses espérances, et un matin qu'il s'était éveillé dans un songe d'ambition, il s'élança sur un vieil alezan, délaissé depuis la mort de son père, et dirigea sa promenade vers les dépendances tant jalousées par madame de Vermand.

Mademoiselle de la Roche, depuis longtemps orpheline, passait sa vie au château près d'une vieille tante qui la prêchait du matin au soir. Cette vieille tante était devenue dévote après une jeunesse profane; elle savait que la vertu des femmes est la chose du monde la plus fragile, et elle veillait en tremblant sur la vertu de la jeune fille, priant le ciel d'envoyer au plus tôt un épouseur afin d'être délivrée de sa garde; mais les épouseurs qui accouraient en foule au château, alléchés par l'immense fortune de l'orpheline, s'en allaient comme ils étaient venus, après avoir vu mademoiselle de la Roche.

Olivier, qui avait un amour au cœur, fut moins effrayé que les autres galans de la laideur de mademoiselle de la Roche. Comme il ne la regardait qu'à travers son domaine, il vit sa bouche moins grande et ses yeux moins petits. Il fut avidement accueilli par la tante qui commençait à craindre que l'innocence de sa nièce ne passât en proverbe comme sa laideur. Il retourna souvent au manoir et finit par s'accoutumer à la figure de mademoiselle de la Roche dont les regards verdâtres répandaient un torrent d'amour à la moindre de ses paroles galantes. Ses rêves se transformaient sans cesse. Peu à peu son âme s'éloigna de la tonnelle de chèvrefeuille pour voltiger au château de la Roche; il épousait, dans ses rêves, le patrimoine de la jeune fille, il se voyait le plus riche du pays et dépensait déjà ses revenus.

Un soir, au retour d'une promenade au château de la Roche, il se sentit moins amoureux que la veille en revoyant Suzanne. Il avait admiré, à la Roche, la grande avenue de vieux ormes, les vastes prairies bordées de saules, l'immense parc couvert de chênes, les champs perdus sous les moissons; toutes ces richesses qu'il avait autrefois dédaignées le séduisaient par-dessus tout; les trésors de son amour s'effaçaient sous ce souvenir; il commençait à ne plus voir que la pauvreté de Suzanne et la fortune de mademoiselle de la Roche; il pensait que son amour passerait comme la beauté de Suzanne, tandis que la fortune de mademoiselle de la Roche serait éternelle comme sa laideur. Olivier n'avait pas le dédain des philosophes qui jettent la pierre à la fortune : ce sont des amans malheureux qui disent du mal des femmes. Olivier avait toujours trouvé la fortune attrayante, il songea bientôt à lui ravir des faveurs. Suzanne ne fut plus le soleil de son âme; elle en devint à peine une des étoiles. Il fut déchiré en pensant au délaissement

de l'orpheline, mais cette pensée s'envola.
Quand elle revint en lui, plus tard, c'était
un remords. Le beau temps de leur amour
s'enfuit rapidement ; Suzanne se trouvait
souvent seule sous la tonnelle ; elle ne se
lassait point d'attendre et d'espérer, car,
dans sa candeur, elle croyait sans cesse à
l'amour d'Olivier; elle était loin de se douter de l'abandon de son amant. — A son
premier amour une femme n'a jamais peur
d'être oubliée; mais à l'aurore du second
amour une femme tremble déjà. — Suzanne
aurait eu foi au cœur d'Olivier pendant
toute sa vie, sur la terre et dans le ciel.

Un soir, après avoir vainement attendu
sous la tonnelle, elle revint dans le salon ;
involontairement elle passa sous le rideau
de la fenêtre et s'égara dans les sentiers
amoureux de son âme. Olivier survint,
elle voulut s'élancer à sa rencontre; mais

une voix étrangère, une voix de femme l'arrêta soudain et la glaça : Olivier n'était pas seul, une femme le suivait, et cette femme était mademoiselle de la Roche. Olivier qui lui pressait la main l'entraîna dans le salon.

— Où allons-nous ainsi sans lumière? murmura mademoiselle de la Roche d'une voix étouffée.

— L'amour est aveugle, dit Olivier. Asseyons-nous sur ce divan; j'ai dit à Mariette de venir allumer les bougies.

Par galanterie plutôt que par amour, Olivier baisa la main de mademoiselle de la Roche.

— Oh! monsieur, si ma tante vous voyait!

— Ne serez-vous pas ma femme dans quelques jours?

Suzanne, jalouse et révoltée, se sentit défaillir; ce baiser, ces paroles qu'elle venaît d'entendre avaient déchiré son cœur ; elle voulut courir à l'autre bout du salon pour reprocher à Olivier de l'avoir trompée : elle fut retenue par la dignité de son âme.

Mariette entra dans la salle une lampe à la main ; la lampe s'éteignit, et la pauvre servante, qui croyait aux fantômes, s'avança tout effarée vers une racine de chêne qui se consumait dans l'âtre.

— Ah! dit-elle, ma mère avait bien raison de dire que ce manoir était peuplé de revenans ; voilà plus de mille fois qu'ils éteignent ma lumière.

Mademoiselle de la Roche sourit, Mariette se retourna avec terreur en laissant tomber la lampe ; elle vit dans l'ombre le rideau blanc qui voilait Suzanne, et tout égarée elle s'enfuit de la salle. Mademoiselle de la Roche se mit à raconter à Olivier une effrayante histoire de spectres ; elle s'arrêta tout d'un coup dans le feu de son récit : le rideau blanc s'était agité sous les douleurs de Suzanne.

— Voyez-vous? dit-elle à Olivier d'une voix glacée.

— Je vois un rideau que le vent soulève.

— C'est une robe... J'ai peur...

Un amoureux eût pressé la peureuse dans ses bras; mais Olivier, qui n'était pas amoureux, s'avança vers le rideau; un éclair traversa sa pensée : avant d'entr'ouvrir la gaze, il savait que Suzanne était là.

— Eh bien! que voyez-vous? demanda mademoiselle de la Roche.

— Je ne vois rien, répondit Olivier en saisissant la main de Suzanne.

Suzanne n'eut pas la force de détacher sa main.

— Suzanne, ayez pitié de moi ! je vous aime toujours.

— Que dites-vous donc? demanda mademoiselle de la Roche.

— Je dis que je vous aime.

Suzanne avait le cœur brisé.

— Jurez de m'aimer long-temps, reprit mademoiselle de la Roche, jurez sur le fantôme que nous avons vu. C'est sans doute l'ombre d'un de vos aïeux : votre serment sera sacré.

— Suzanne, mon serment ne sera qu'un mensonge, mon amour est à jamais en vous.

— Ah! jurez sur moi, jurez sur notre amour, dit Suzanne ; vous le pouvez, car notre amour n'est plus qu'une ombre.

Mademoiselle de la Roche s'avançait vers la fenêtre.

— Arrêtez! s'écria Olivier.

La jeune héritière s'avança encore. Olivier courut à sa rencontre.

— Je vous aimerai toujours, dit-il faiblement.

Il espérait ne pas être entendu de Suzanne ; mais une femme jalouse écoute de la tête et du cœur. Suzanne entendit l'horrible serment, elle s'enfuit tout éperdue. A peine fut-elle sortie de la salle que mademoiselle de la Roche dit avec joie en se jetant dans les bras d'Olivier : — Merci! merci! vous m'avez juré sur elle de m'aimer toujours. Pourquoi feindre? je sais tout. Vous l'aimiez avant de m'aimer, cette servante de votre mère.

Olivier, révolté, songea à repousser l'héritière de ses bras ; mais il se souvint du domaine, et son amour aux abois fut apaisé par l'ambition.

Suzanne s'enferma dans sa chambre, qui était au-dessus de la grande salle ; après s'être long-temps appuyée contre la porte, elle alla vers la fenêtre qui était ouverte sur le verger : il tombait quelques flocons de neige ; la lune rougeâtre, s'échappant des grands ormes de la montagne, jetait son regard timide sur le verger ; le vent mugissait par intervalles ; les feuilles desséchées s'envolaient des arbres comme des oiseaux pourchassés ; les feuilles tombées s'enfuyaient bruyamment ou s'amassaient sous les haies. Suzanne contemplait d'un œil morne les grandes ombres des arbres du verger, elle écoutait le bruyant murmure du feuillage; mais elle voyait Olivier adorant mademoiselle de la Roche ; mais elle entendait le bruit ineffaçable du baiser. Elle s'imaginait que les vagues rumeurs du soir étaient les échos des amoureuses paroles qui se murmuraient au-dessous d'elle. Elle bénissait Dieu de l'avoir conservée pure dans l'amour ; elle bénissait le ciel de l'avoir éclairée avant le danger. Et tout à coup son délaissement l'égarait; l'amour qu'elle venait de perdre était son seul bien dans la vie : c'était le soleil qui rayonnait en son âme, c'était le songe charmant dans sa nuit. Olivier était son amant, sa famille, son dieu ; sans Olivier que lui restait-il en ce monde, où elle avait à peine souri ? Il lui restait, la pauvre fille, madame de Vermand, qui la courbait sous le joug. Son existence, mollement soulevée par l'amour comme un nuage par la brise, retombait lourdement sous les chaînes de l'esclavage; elle désespéra de l'amour, elle désespéra de prendre un second élan vers le ciel, et dans ce désespoir terrible elle eut peur de la vie; c'était à ses yeux un immense désert qu'elle allait traverser sans appui.

— Oh! s'écria-t-elle en sanglotant, être seule! seule !

L'Angelus sonna à Valvert ; elle tomba agenouillée devant la fenêtre, et se mit à prier pour apaiser son mal. Dans sa ferveur elle oubliait presque son infortune, quand tout à coup les sons d'une harpe traversèrent son âme comme une litanie; elle écouta avec angoisses, et elle entendit chanter Olivier. — Il chante! murmura-t-elle en tombant évanouie.

Son front atteignit le bord de la fenêtre, un flot de sang jaillit de sa tête : la pauvre fille n'entendit plus la joyeuse chanson d'Olivier.

Pendant le souper, un serviteur qui arrivait de la ville prochaine vint déposer une corbeille de noces dans la chambre de Suzanne : c'était la corbeille de mademoiselle de la Roche. Olivier devait la porter le jour même au château de sa fiancée. Le serviteur, attardé au cabaret, n'avait pas osé remettre la corbeille entre les mains de madame de Vermand; en la déposant dans la chambre de Suzanne, il espérait, par la confusion qui régnait au château, tromper sa maîtresse sur l'heure de son retour.

Au bruit des pas de cet homme, Suzanne revint à la vie, mais elle était devenue folle.

— J'ai faim! j'ai faim! s'écria-t-elle en rouvrant les yeux.

Elle se releva avec peine, et se remit en contemplation au bord de la fenêtre; la lune et les étoiles s'étaient voilées; une nuée immense, qui venait de se déployer sur le ciel, secouait des flocons de neige. — L'hiver passe dans l'âme d'Olivier, murmura la folle.

V

Suzanne demeura plus d'une heure à la fenêtre, égarée dans la nuit profonde de son âme ; la lune reparut toute brisée dans les branches noires des ormes ; effrayée des ombres agitées du verger, la folle ferma la croisée, et courut se jeter sur son lit en se cachant la tête dans l'oreiller.

Le lendemain fut le jour le plus étrange et le plus merveilleux de sa folie. Le soleil l'éveilla en caressant ses blondes paupières de son plus doux rayon. Son premier regard s'arrêta sur la corbeille de noces ; son cœur palpita ; une grande joie la saisit ; elle s'élança d'un bond dans sa chambre et s'agenouilla devant la corbeille ; dans son égarement, elle en arracha le couvercle ; à la vue des parures et des fleurs d'oranger, elle pâlit, elle rêva — puis tout à coup ses yeux s'animèrent, et elle s'écria : — Olivier! Olivier!

Elle s'était emparée de la couronne ; elle la dévorait du regard. Peu à peu son œil s'éteignit, son front pencha douloureusement, la couronne s'échappa de sa main. Elle se leva avec majesté, regarda dédaigneusement la corbeille et foula du pied la couronne en riant comme une pauvre folle qu'elle était.

La tête appuyée sur la main, elle s'avança lentement vers la fenêtre, et revint d'un pas rapide devant la corbeille. Elle vit avec regrets la couronne flétrie, et leva les yeux au ciel en demandant sa grâce. Son regard humide s'arrêta sur un miroir doré qui formait le seul ornement de sa chambre. En voyant sa tête échevelée et sa joue pâlie, elle recula avec angoisses sans reconnaître son image. — C'est elle, celle qu'il épouse, dit-elle en s'animant. — Elle est laide, il ne peut l'aimer.

Elle saisit le bouquet de fleurs d'oranger et l'attacha sur son sein. — Elle a aussi un bouquet sur son cœur, reprit-elle en revoyant son image. — Mais Olivier ne peut l'aimer; elle est laide, il la repoussera.

Elle se drapa d'un cachemire blanc, se voila de l'écharpe et saisit un éventail. — J'arriverai à lui avant elle. A la voir si pâle, si frêle, si chancelante, on devine qu'elle n'aura pas la force d'avancer. — Moi, je me sens des ailes aux pieds.

Elle s'enfuit en s'écriant : — Je l'ai vue s'élancer aussi. Olivier! O mon Dieu!

Elle roula dans l'escalier : le ciel protège les fous comme les enfans, elle se releva sans ressentir la plus légère douleur; et, redevenue rêveuse, elle se demanda pourquoi elle était descendue. Elle traversa la cour et courut au verger dans la crainte d'être vue. A la porte du verger, un papillon grisâtre, qui semblait braver l'hiver, prit son vol devant elle et s'abattit dans une touffe de fraisiers. Elle s'inclina pour le prendre; mais le papillon rebelle se mit à voltiger autour d'elle en déployant mille coquetteries dont elle fut charmée. Dans son désir d'attraper l'inconstant, elle oublia Olivier. Un nouveau monde, le monde des fous, s'ouvrit à ses yeux. Elle s'amusa des fantaisies romanesques de sa pensée, des chimères de son imagination, des extravagances de ses rêves ; son regard aride demeura long-temps égaré dans le bleu des nues dont elle aimait les formes et les couleurs changeantes ; à chaque métamorphose, elle croyait voir une chose animée ; tantôt c'était sa rivale dont la robe blanche flottait dans l'azur ; tantôt c'était Olivier que le vieux alezan emportait à l'horizon ; — ou bien c'était le convoi de sa mère — ou son berceau couvert d'un voile. Mais tous ces tableaux gigantesques, toutes ces peintures échevelées s'évanouirent peu à peu ; le ciel redevint pur, et la folle sortit du verger pour se perdre dans les détours du jardin. C'était un jardin de châtelaine et de fermière. En face d'un tilleul centenaire ombrageant une nappe de verdure, on voyait un pommier normand secouant son fruit verdâtre dans un champ d'artichauts; sous un frêle et chétif oranger, l'œil désenchanté rencontrait un verdoyant bouquet de persil ou de cerfeuil. Ce désaccord n'était pas sans charme pour madame de Vermand, qui aimait l'ombrage du tilleul et les fruits du pommier.

Après avoir erré long-temps, Suzanne s'arrêta devant une petite source fuyant dans un gué qui servait de lavoir à la ferme. A la vue de cette source plus bruyante qu'un enfant qui joue, elle s'agenouilla; et pour apaiser sa faim, la pauvre folle plongea ses lèvres dans le cristal. — J'ai trop bu, je me suis enivrée, dit-elle en relevant la tête. — Je vois tourner les arbres. — O mon Dieu ! je vais tomber dans le ciel. L'écharpe dont elle s'était voilée s'accrocha à un groseiller renversé sur l'eau ; les franges entraînées balayèrent le sable gris des bords de la source, et la folle toute désolée les baigna dans l'eau la plus claire. — Hélas! dit-elle en repoussant ses cheveux épars, j'ai taché mon voile blanc le jour de mes noces.

Elle secoua en pleurant l'écharpe arrosée, et l'étendit au soleil sur une épine; mais le soleil d'hiver n'avait plus de feu dans ses rayons.

— Mon cœur est plus chaud que le soleil, reprit-elle.

Elle dévoila son sein, et mit l'écharpe sur son cœur. — Ah! murmura-t-elle, toute glacée.

Et elle tomba sur l'herbe.

VI

La ferme était dans un grand trouble, Madame de Vermand appelait à grands cris Suzanne ; elle était agitée d'une colère terrible contre l'orpheline depuis qu'elle avait vu dans sa chambre la corbeille tout en désordre, les parures éparpillées, la couronne foulée aux pieds. Elle avait toujours craint que son fils ne s'éprît de Suzanne ; elle ne pouvait pardonner à Suzanne d'aimer son fils, et d'être jalouse de mademoiselle de la Roche. Tout en appelant la pauvre folle pour la chasser impitoyablement du château, elle s'avança avec Mariette vers les grands saules qui couvraient le gué. Elle vit enfin Suzanne couchée sur l'herbe et ensevelie dans le cachemire ; elle courut à elle, et dans sa colère elle faillit la fouler aux pieds, comme la folle avait foulé la couronne ; mais à la vue de sa tête inanimée, sa colère tomba tout à coup. — Suzanne ! ma fille ! dit-elle en la soulevant dans ses bras.

Suzanne entr'ouvrit sa paupière et s'écria ! Ma mère ! Olivier !

Madame de Vermand vit bientôt que la pauvre fille était folle ; elle l'emmena au château, et, devenue tout d'un coup sa seconde mère, elle l'entoura de la plus tendre sollicitude, ayant soin de cacher cet événement à son fils. Olivier avait passé la matinée au château de la Roche, ne rêvant qu'à Suzanne, dont la douce image était revenue dans son âme. Il avait chanté la veille; mais sa chanson, qui avait déchiré le cœur de Suzanne, avait en lui un douloureux écho. En se promenant dans le parc avec mademoiselle de la Roche, il regrettait son mélancolique amour d'automne, il voyait avec horreur venir le lendemain. Il se sentait trop faible pour oser se révolter contre sa mère et démentir ses promesses; il se soumettait d'avance aux chaînes de sa destinée. Et puis, il n'avait peut-être pas encore perdu le lointain désir de s'élever par la fortune. Dans l'après-midi il revint à la ferme, inquiet du retard de la corbeille. Il trouva sa mère au salon tout attristée par la folie de Suzanne. Madame de Vermand lui dit qu'un malheur était survenu dans l'envoi de la corbeille, qu'il avait fallu retourner à la ville, et que c'était pour cela qu'il la voyait si désolée. Olivier s'étonna de ne pas voir Suzanne auprès de sa mère. Il s'en alla chercher la solitude du jardin et les souvenirs de son amour suspendus aux branches des arbres, accrochés aux épines des rosiers, endormis dans les fleurs mourantes. Quand il fut sous la tonnelle, il appela Suzanne. — Suzanne serait venue, qu'il se fût détourné d'elle. Plus que jamais l'inconstance lui semblait illégitime; il pensait aussi que l'amour était la plus noble des religions humaines, et il se maudissait d'être un impie. Suzanne ne vint pas; il l'attendit en vain jusqu'à la nuit; dans son tourment, il erra aux alentours de la ferme, toujours poursuivi par ses regrets.

Comme il jetait ses regards à l'aventure, il vit briller une lumière dans la chambre de la folle; il rentra avec émoi; madame de Vermand le retint auprès d'elle et lui reparla de son triomphe sur les soupirans du pays.

— O mon fils! lui dit-elle à diverses reprises, vous aurez une noble femme et un beau domaine.

La soirée passa lentement pour Olivier; il subit en silence tout le caquet de sa mère, qui ne cessa de faire l'éloge de mademoiselle de la Roche et des royales dépendances du château. Enfin, madame de Vermand, lasse d'agir et de parler, s'en alla dormir, à la grande joie d'Olivier qui demeura encore une demi-heure au coin du feu pour ressaisir tout son courage, après quoi il courut à la chambre de Suzanne, le cœur oppressé comme s'il allait mourir.

Mariette venait d'en sortir; Suzanne était seule; elle chantait sur un vieil air, en suivant du regard une imprudente phalène qui tournoyait à la lumière :

> Petite Phalène
> Prends garde à tes ailes.

Olivier, qui était demeuré sur le seuil de la porte, écouta d'abord avec surprise. La tristesse de l'air et la mélancolie des paroles couvrirent son âme de deuil. Il s'avança dans une morne lenteur vers la pauvre folle et lui saisit la main avant qu'elle eût retourné la tête. En voyant son amant, Suzanne poussa un cri sec et se jeta dans ses bras avec frénésie.

— Olivier! Olivier! dit-elle en pleurant de joie, je te croyais perdu, je m'ennuyais à mourir! regarde-moi, ton regard est un enchantement; parle-moi, ta voix est une ivresse. — Quelle pâleur funèbre, quelle tristesse lugubre, mon Dieu! — Moi je suis la plus gaie et la plus folle des amantes; je danse et je chante sans cesse; c'est que j'ai de l'amour au cœur; — vous n'en avez plus, Olivier?

Suzanne se détacha des bras de son amant, et pencha sa tête au-dessus de la lampe. Olivier, effrayé de la voir ainsi, se rapprocha d'elle et lui reprit la main. — Hélas! dit-elle en voyant tout à coup la phalène qui n'avait plus d'ailes et qui se traînait péniblement sur la table, je suis comme cette infortunée : j'ai perdu mes ailes, puisque j'ai perdu les espérances qui m'enlevaient au ciel. — Voulez-vous la voir, Olivier, votre épouse? — Elle est là! — Elle est là! — Oh! la jalousie est un supplice horrible!

La folle entraîna Olivier devant le miroir.

— La voyez-vous? qu'elle est laide avec ses guenilles! — Vous êtes avec elle! O mon Dieu, mon Dieu! quelle indignité de me tromper ainsi! vous en serez puni, Olivier; cette ombre blanche que vous avez vue hier vous suivra partout; jusque dans les bras de cette femme.

Olivier était dans le martyre.

— Vous êtes avec elle, reprit la folle en se laissant tomber sur le sein de son amant.

— Je suis avec vous, dit faiblement Olivier en lui baisant les cheveux.

— Hélas! vous en trompez deux; je vous ai vu par là, appuyé sur elle, l'embrassant comme moi. — Je suis jalouse, Olivier, je suis jalouse!

Olivier détourna la tête du miroir en essayant de consoler Suzanne. Dès qu'elle fut loin du miroir, un autre panorama se dévoila dans sa tête ; elle redevint gaie et folâtre ; elle se balança mollement dans les bras aimés du trompeur, et se remit à chanter :

> Petite Phalène,
> Prends garde à tes ailes.

Dans son léger balancement un désir vint allumer ses yeux et colorer ses joues ; un désir vague, nuageux, étouffant ; Olivier en fut atteint ; il ne vit pas sans frémir de volupté Suzanne penchée languissamment comme une fleur dans l'amour ; il la berçait dans ses bras entr'ouverts, et ses bras irrités demandaient à l'étreidre en se refermant. Suzanne, enivrée, délirante, et olle par-dessus tout, s'abandonnait en aveugle au désir entraînant. — Je suis à toi jusqu'à la mort ! dit-elle tout éperdue.

Olivier, pâle et troublé, la regardait dans une amoureuse tristesse.

— A toi ! reprit-elle en déchirant son corsage.

VII

Le lendemain Olivier devint l'époux de mademoiselle de la Roche et le souverain maître de son domaine. L'espace qui le séparait de Suzanne affaiblit ses regrets. Pour lui le jour des noces se passa plutôt dans l'éclat bruyant de la fête que dans les douloureux souvenirs de son amour. Après l'éclat bruyant de la fête, l'amour apparut encore au ciel de son âme, mais souvent voilé par les vapeurs épaisses de l'orgueil. C'était le soleil à son déclin, le soleil pâlissant et réfroidi, se perdant sous les nuages de l'horizon, ne reparaissant avant la nuit que par intervalles et au travers de voiles floconneux. La nuit ne vint pourtant pas pour l'âme d'Olivier, qui demeura dans un crépuscule éternel; l'amour s'était caché à l'horizon, mais on en devinait encore le passage enflammé. Cet amour perdu dans les ténèbres, n'ayant plus de rayons pour illuminer Olivier, avait laissé en lui une mélancolie dévorante qu'il repoussait à grand'peine. Cette douleur invisible revenait surtout quand il était auprès de sa femme; alors il commençait à en saisir la forme et la couleur : la folle lui avait dit qu'une ombre blanche le poursuivrait sans cesse : la prédiction de la folie s'accomplissait. Et l'ombre était si froide et si obstinée, c'était un remords si gémissant, qu'Olivier en avait peur sur le sein de sa femme. Quand il pensait à aimer mademoiselle de la Roche, il lui semblait entendre une musique grinçante après un divin concert.

Il allait à peine une fois par semaine à la ferme de sa mère. Il ne voyait pas Suzanne, qui demeurait toujours enfermée dans sa chambre, n'ayant d'autre distraction que sa folie ou la vue des visions des nues et des fantaisies d'hiver. Madame de Vermand tomba malade, il vint plus souvent. La maladie fut terrible. Dans les crises les plus violentes il passa les nuits à veiller sa mère; Suzanne n'apparaissait jamais. Quelquefois, comme il sortait au milieu de ses veilles pour échapper à l'atmosphère amère de la malade, il entendait chanter la folle; c'étaient des sons vagues, des paroles sans suite s'élevant dans la sérénité de la nuit; ces notes plaintives avaient un écho mourant en son cœur; il écoutait avec des défaillemens sans nombre; quand il voulait fuir, la main glacée du remords s'appuyait sur lui ; il fallait qu'il entendît tout pour sa punition. Il était rare que son nom ne s'envolât des lèvres de l'infortunée; alors sa douleur était inexprimable, et plus d'une fois il lui arriva de répondre par un sanglot aux sanglots de Suzanne. Il y avait plus de compassion que d'amour dans sa peine : Suzanne heureuse, il eût détourné les yeux de son image.

La maladie poursuivit ses ravages sur madame de Vermand, qui fut bientôt à l'heure de sa mort : elle s'éteignit sans murmure sous les regards désolés de son fils, qui essayait de la ranimer à l'espérance. Avant de s'envoler au ciel, son âme eut un généreux élan, comme si Dieu l'eût déjà remplie de sa grâce : madame de Vermand se confessa à son fils de ses torts envers Suzanne, qui l'avait entourée de tant de soins et de tant de dévouement. — O mon enfant, dit-elle d'une voix brisée, répare mes fautes, protège à jamais la folle.

Olivier jura sur son âme; sa mère lui tendit une main déjà glacée.

A peine madame de Vermand eut-elle rendu son dernier souffle, que Suzanne vint tomber agenouillée devant le lit.

— Votre mère est morte, dit-elle à Olivier d'un air d'inspirée — Dieu me l'a dit — elle a prié pour moi et je viens prier pour elle.

VIII

Quelques jours après les funérailles de madame de Vermand, Mariette, rencontrant Olivier à la porte du jardin, lui dit d'une voix timide que Suzanne était enceinte.

Cet avertissement fut un orage pour le

cœur d'Olivier. La veille de son hymen, Mariette l'avait vu sortir tout en désordre de la chambre de la folle, et n'osant pas démentir la pensée hardie de la jeune servante, il fit, dans un regard troublé, l'aveu qu'il était père de l'enfant qui s'agitait dans le sein de Suzanne. Il pria Mariette de garder ce mystère dans l'ombre de son cœur, et s'en retourna désespéré au château de la Roche. La semaine suivante il afferma son héritage; et la maison paternelle, naguère si bruyante, devint triste et silencieuse comme une tombe; tous les serviteurs allèrent au nouveau fermier : Mariette seule demeura au manoir de Valvert pour y surveiller la folle. Olivier espérait que, dans cet isolement, le mystère qui l'effrayait serait à jamais inviolable. Il avait eu l'idée de conduire Suzanne dans un refuge de fous, loin, bien loin du pays; mais le dernier vœu de sa mère était revenu chasser cette idée : d'ailleurs il y avait en lui une voix toujours gémissante qui priait pour la délaissée.

Depuis la mort de madame de Vermand jusqu'à l'heure de sa maternité, la folie de Suzanne fut calme, silencieuse, légèrement voilée de mélancolie ; il était rare qu'elle éclatât en joie bruyante ou en douleur profonde. Mariette, qu'elle appelait sa sœur, passait toutes ses heures auprès d'elle : c'était la seule amie qu'elle eût rencontrée dans ce monde. Mariette, touchée au fond du cœur des infortunes de Suzanne, ne trouvait pas de plus grand bonheur que de la servir et de la consoler. Cette amitié si pure avait versé dans son âme un rayon de lumière qui l'éclairait en la chauffant, et qui dissipait peu à peu les plus lourds nuages de l'ignorance. C'était d'ailleurs une jolie fille, qui semblait mignonne parmi les paysannes de Valvert. Elle touchait à peine l'aurore de la jeunesse, et le premier sentiment qui l'avait animée était son amitié pour Suzanne.

Pendant l'hiver, qui fut souvent humide, Suzanne ne dépassa pas la porte du château; sa promenade l'entraînait toujours au lavoir du jardin; elle passait des heures à regarder les flots bleus et frémissans de la petite source. Un soir pourtant Mariette la chercha vainement au jardin; c'était en avril; la nature se réveillait aux premiers baisers du printemps. Mariette, désolée de ne pas voir revenir la folle, se maudissant de l'avoir perdue des yeux, courut pendant plus d'une heure aux alentours du château. Comme elle se désespérait au bord du chemin, elle se souvint que Suzanne, avant sa folie, allait souvent à Valvert, dans la petite maison de sa mère, pour en revoir l'ameublement, pour y toucher encore des lèvres les habits de la défunte, qui étaient devenus de précieuses reliques pour l'orpheline. Dans ce souvenir, Mariette pensa que sa pauvre amie ne pouvait être qu'à Valvert, et sans plus y réfléchir, elle se mit en course vers le village. La jeune servante était de ces natures craintives que la frayeur domine si aisément la nuit; à la vue du cimetière qui aborde le village du côté du château, comme ces navires qui ont jeté l'ancre et qui attendent des passagers, elle s'arrêta toute glacée, le regard en proie à mille visions. Pour vaincre sa peur, elle chanta : ainsi fait-on dans les campagnes; mais la chanson mourut bientôt sur ses lèvres : une ombre noire s'était agitée sur une tombe sous ses yeux errans; une voix plaintive réveilla l'écho, c'était la voix de Suzanne,

Mariette échappa à la peur en s'élançant vers la folle.

— Que faites-vous donc là? lui demanda-t-elle.

— Je prie pour ma mère; il m'a toujours semblé que Dieu entendait mieux les prières durant la nuit.

Suzanne ne sortit que cette seule fois du château. Un autre soir, elle poursuivit Olivier jusque dans l'avenue. — Ton image me déchire le sein, lui cria-t-elle en s'arrêtant désespérée de ne pouvoir l'atteindre.

La pauvre folle ressentait déjà les douleurs de l'enfantement.

Ce soir-là, elle revint vers Mariette plus ravagée que jamais, car elle souffrait du corps et de l'âme. Jamais elle n'avait vu disparaître Olivier avec autant de peine; ses gémissemens n'avaient pu l'arrêter; son appel était demeuré sans écho; c'était horrible. Olivier d'ailleurs souffrait comme elle en la fuyant; vingt fois il avait voulu revenir sur ses pas; mais craignant toujours une scène déchirante, il s'était perdu dans l'ombre.

Suzanne accoucha dans des douleurs inouïes vers la fin de juillet; elle eut un fils qui sourit d'abord à la lumière et fit bientôt la grimace; il semblait demander le sein de sa mère par ses cris douloureux. Olivier lui donna un baiser et une larme; mais le soir même, il pria Mariette d'aller à la ville voisine déposer le nouveau-né à l'hospice des enfans trouvés. Sa femme était enceinte; il voulait que l'enfant de Suzanne demeurât à jamais inconnu. Le vieil alezan emporta la servante et l'enfant. Quand Mariette arriva devant l'hospice, elle ressentit une peine infinie à la pensée d'abandonner ce joli amour endormi sur son sein; elle le contempla d'un œil alarmé en rêvant au moyen de le reconnaître un jour; mais deux ivrognes s'avancèrent alors dans la rue de l'hospice; elle perdit la tête, se laissa glisser à terre, et après avoir dénoué l'écharpe qui suspendait le gracieux enfant à son cou, elle sonna d'une main agitée. Le tour s'ouvrit lentement : son cœur s'oppressa en voyant le triste berceau où elle allait déposer le fils de Suzanne. Elle le retint d'une main avide; mais les ivrognes approchaient : elle abandonna l'enfant à la grâce de Dieu.

Olivier veilla la folle durant la soirée; l'infortunée avait toujours les bras tendus. — Était-ce vers Olivier? était-ce pour ressaisir l'enfant qu'il lui dérobait avec tant de barbarie? Muette dans sa douleur, elle semblait ne voir que les rideaux; pour elle, tout un monde s'agitait là : c'étaient les douleurs, les espérances, les désenchantemens qui avaient animé sa folie.

Olivier, las de la voir se débattre avec son mal, était allé s'asseoir sur le bord de la fenêtre. Le ciel étincelait d'étoiles; les coucous sifflaient dans les bois, les raines chantaient dans les marais; les moissons qui couvraient la terre répandaient un parfum de richesse et de bonheur; ce parfum fut amer pour Olivier qui se sentait jaloux de la joie universelle de la nature. — J'ai perdu ma vie, dit-il tout à coup; j'étais fou longtemps avant Suzanne, puisque j'ai vu la fortune dans le mariage au lieu d'y voir l'amour. — Hélas! dans la fortune mon cœur s'est appauvri.

Il vint à songer à cet enfant qu'il jetait par le monde avec l'insensibilité d'un capitaine de navire qui jette un fardeau dans la mer, et une voix aiguë s'éleva du fond de son âme, et lui dit : — C'est un crime d'abandonner son enfant au seuil de la vie. — C'est une barbarie de le ravir à sa mère qui l'aurait nourri de son lait, qui lui aurait fait un berceau de ses bras, un oreiller de son sein ; cet enfant est mort aux joies de l'enfance dont le souvenir rayonne sur toute la vie ; il sortira de l'hospice, et qui sait s'il trouvera un seul abri sur la terre ! Un jour un mendiant viendra tendre la main à ta porte, tes valets le chasseront avec leurs dédains, et ce mendiant sera ton fils peut-être !

La voix parla long-temps ainsi ; elle s'apaisa dans les sanglots d'Olivier. Quand vers minuit Mariette revint, il venait de s'endormir devant le lit de Suzanne.

— A-t-elle demandé son enfant? lui dit Mariette à son réveil.

— J'espère, dit Olivier dont le cœur s'était refermé, j'espère qu'elle ignorera toujours sa maternité.

La jeune servante se détourna pour cacher ses larmes. — Pauvre mère! pauvre enfant! murmura-t-elle.

IX.

L'automne revint triste, embrumé, jetant ses guenilles au vent. Suzanne ne demandait point son enfant; pourtant, elle tendait quelquefois ses bras dans le vide avec une angoisse déchirante. — Perdu! perdu à jamais! s'écriait-elle alors toute pleine de larmes. Elle ne parlait point ainsi d'Olivier, puisqu'elle croyait sans cesse à l'amour de son amant, puisqu'elle avait oublié son hymen avec une autre.

Elle retomba malade aux premières neiges.

Un matin, après un sommeil agité par mille songes confus, après des heures de délire, elle s'éveilla calme, elle redevint timide et rougissante comme elle était avant sa folie ; les doux souvenirs de son enfance rafraîchirent son âme ; c'étaient de pures rosées tombant du ciel dans les ardeurs de l'été. Le souvenir d'Olivier la charma d'abord ; mais bientôt elle s'écria : — Il n'est plus à moi !

Hélas ! Suzanne n'était plus folle.

Et par une des bizarreries de la nature, elle ne se souvint pas de ce qui s'était passé dans sa folie. Elle se croyait au sortir d'un songe horrible qui l'avait déchirée toute la nuit; elle essayait en vain de se rappeler ce songe; il lui revenait quelques idées confuses : elle se balançait dans les bras d'Olivier, et un nuage passait; elle se parait du bouquet virginal, et le nuage passait encore; un vague sentiment de la maternité agitait son âme attendrie, et le nuage passait toujours. Ses regards ne pouvaient en percer la trame. Elle mit sa robe et s'avança toute chancelante vers sa fenêtre. En voyant son image flétrie dans le miroir, les souvenirs l'abordèrent encore ; elle pensa vaguement à l'épouse d'Olivier, mais sa vue se perdit vainement dans les voiles du mystère. Quand elle fut devant la fenêtre, elle ne s'étonna point de la neige qui blanchissait le coteau : n'avait-il pas neigé une heure avant sa folie? Elle regarda tristement les arbres dépouillés; dans le verger, elle crut reconnaître quelques feuilles rebelles aux frimas, quelques feuilles que, le dernier automne, elle avait encouragées du regard, dans leur lutte avec l'hiver. Rien n'avait changé dans sa chambre ni dans ses vêtemens ; depuis un an nulle de ses robes n'était sortie de son armoire, nul de ses meubles n'avait disparu.

Mariette entra pendant qu'elle voyait à toutes ces choses.

— Mariette ! Mariette ! s'écria-t-elle, que s'est-il donc passé ?

— Rien, dit à l'aventure la jeune servante.

— Ai-je été malade ? ai-je été folle ? — ou n'est-ce qu'un rêve — un rêve étrange !

— Vous avez été malade, dit Mariette, avec émoi ; vous avez eu le délire.

— Ah ! oui, le délire ! voilà pourquoi je suis si troublée. — Il y a long-temps sans doute que je suis malade ; pourtant les arbres ont encore des feuilles ; il y a à peine un mois.

Mariette regardait Suzanne avec surprise et demeurait muette.

— Quel songe terrible, Mariette! il m'a semblé que mon cœur s'ouvrait; j'ai entendu les cris d'un enfant; moi qui ne serai jamais mère! Mais quel silence! nous sommes donc seules ici?

— Madame de Vermand est morte.

— Morte! que vais-je devenir, ô mon Dieu!

— En mourant, madame de Vermand a prié son fils pour vous.

— Olivier! Olivier! murmura Suzanne en baissant les yeux. — Où est-il? poursuivit-elle timidement.

— Au château de la Roche.

— Tout est fini! pensa la pauvre fille.

Le soir elle vit Olivier. Cette entrevue fut quelque chose d'amer et de déchirant pour tous les deux; ils ne se parlaient guère, mais que de souffrances cachées ils se révélaient dans un regard! Olivier, qui avait les remords de son côté, essayait de consoler Suzanne, qui était à jamais inconsolable. Il lui parlait encore d'amour; mais l'amour semblait une ironie sur ses lèvres. Cependant il y avait tant de charmes dans ses yeux et dans sa voix, que Suzanne, trop faible et trop confiante, se laissa bercer encore d'espérance, et lui promit de passer sa vie au château; mais dès qu'il ne fut plus là, dès qu'elle se fut rafraîchie dans l'air pur de la nuit du soufle enivrant d'Olivier, le sentiment du devoir qui luttait en elle contre l'amour triompha bientôt; elle réfugia son âme dans le souvenir de sa mère, elle s'enfuit du château.

Le lendemain, on remit à Olivier une lettre qui ne renfermait que ce seul mot écrit par Suzanne : Adieu! Adieu!

VIII

SUZANNE MÈRE.

SUZANNE MÈRE.

I

La rivière d'Orne roule ses eaux verdâtres dans un lit capricieux qui traverse les plus charmantes vallées de l'ancienne Normandie. A une demie-lieue de Valvert, au-dessous du château en ruines de Vermand, en suivant le cours de cette rivière, on se trouve tout d'un coup dans un pays assez désert ; des arbres chétifs tremblent au-dessus d'un sol ingrat ; les prairies, si verdoyantes aux alentours, sont là stériles ou desséchées ; un éternel hiver semble y régner; le ciel y est moins pur, la rivière y passe plus rapidement qu'ailleurs. Ce pays ressemble à un cimetière au milieu de riches campagnes ; à son aspect le voyageur, ravi des tableaux riches et variés où s'était perdu son regard, recule avec un sentiment de tristesse comme s'il voyait la mort dans la vie. Si le voyageur est une de ces créatures joyeuses et insouciantes, qui n'aiment à reposer les yeux que sur les paysages éclatans, il prendra un détour et ne sortira pas de sa route, pleine d'ombrages, de verdures, de musiques et de parfums; si le voyageur est une nature triste et rêveuse, s'il voit clair avec les yeux de l'âme, il aimera ce

pays sauvage et suivra toujours la rivière.
Entre deux montagnes couronnées de roches
on rencontre de vieilles maisons groupées
autour d'une église chancelante, dont on
admire les sculptures gothiques de la porte
et les vitraux peints des ogives. C'est là le
village de Soucy. En face de l'église, la rivière qui baigne ses noires murailles est couverte de barques et de nacelles; une île
ovale déploie vers le milieu une belle robe
verte étoilée de primevères, d'amourettes
ou de marguerites; ce petit espace est le
paradis du village : on y danse les dimanches et les jours de fêtes; les galans du
pays y poursuivent leurs belles ; tous les
soirs à la nuit tombante on y voit passer, à
travers les baies rouges des sorbiers, les
rameaux des églantiers et des épines blanches, les jeunes paysannes dont le costume
est très pittoresque ; on y voit aussi quel-

ques grisettes échappées de la ville prochaine où elles étaient ignorées, dans l'espérance d'être reines en ce désert où elles sont couturières, en attendant.

A la sortie du village, une avenue bordée d'ormeaux et tapissée de verdure conduit à une fontaine dont les sculptures brisées gisent çà et là dans les grandes herbes. Ces sculptures, d'un style gothique, ne sont rien autre chose que des têtes de vampires formant autrefois une couronne à la fontaine. Dans la révolution, les malins du pays, s'imaginant que c'étaient les têtes des premiers rois de France, se sont amusés à les abattre. Dans leur zèle aveugle, ils s'avisèrent même de briser une tête de lion qui, pendant un siècle, ne s'était pas lassée de verser à boire à tout le village; au dire des vieilles femmes, la source, effrayée de ce sacrilége, n'avait plus osé sortir de son lit; et depuis ce temps-là, au lieu de tendre sa cruche sous la gueule du lion, il fallait puiser l'eau dans le bassin.

En 1820, vers la fin du printemps, une bruyante troupe d'écoliers en jaquettes s'ébattaient le plus joyeusement du monde devant la fontaine de Soucy pendant que les filles allaient sourire aux galans dans l'île boccagère; c'était le soir, aux dernières clartés du soleil, qui se baignait dans une vapeur pourprée noyant l'horizon. Le vent s'endormait sur les feuilles; le dernier soufle se perdait dans les cris des enfans dont les lutineries ne cessaient point. C'étaient des enfans beaux de jeunesse et d'insouciance; de blondes et folles têtes qui n'avaient encore d'amour que pour leur mère, de haine que pour leur maître d'école. Leurs pieds nus et leurs misérables jaquettes attestaient assez qu'ils n'étaient point les seigneurs du village, mais les plus humbles entre les paysans. C'était un charmant spectacle de les voir tous s'accrochant, se déchirant, se roulant les uns sur les autres comme une famille de petits chats dans les cendres du foyer.

La joyeuse bande avait un roi, c'était Robert, le premier disciple du maître d'école : Robert était roi par son âge, par sa force et par sa beauté.

La maîtresse d'école de Soucy était comme ces princesses des contes des fées qui prient vainement le ciel de leur accorder la grâce d'avoir des enfans, — comme si cela regardait le ciel. — Madame Robert avait prié Dieu ; dans son zèle, elle avait même prié M. Robert : elle avait perdu son temps et ses prières. Le maître d'école trouvait que la terre était bien assez peuplée de sots. Quand la pauvre femme se vit morte à la jeunesse, quand elle désespéra de jamais ressentir les joies ineffables de la maternité, elle songea à recueillir un enfant étranger qui pût devenir son appui sur ses vieux jours ; elle espérait d'ailleurs se faire illusion jusqu'à croire que l'enfant serait le sien. Or donc, maître Robert aidant, elle parvint à dénicher de l'hospice de la prochaine ville mon sire Robert que vous avez vu s'ébattant devant la fontaine. C'était un bel enfant, un enfant blond et rose, un charmant enfant. Il jetait des pierres aux pauvres ; mais il lui arrivait souvent de leur jeter son pain.

Il y avait une heure que les écoliers de Soucy s'ébattaient ainsi, ne songeant pas à leurs cruches emplies et versées vingt fois, quand une jeune femme pâle et abattue vint s'agenouiller devant la fontaine en essayant d'y plonger ses lèvres ; mais la source tarissait depuis quelques jours, et ses lèvres ne purent atteindre l'eau ; elle se releva et demanda aux enfans s'ils voulaient la laisser boire dans une de leurs cruches ; les petits lutins se mirent à rire et se moquèrent de la pauvre femme. Elle saisit une bouteille couverte d'osier et la plongea dans la fontaine.

— C'est à moi la bouteille, dit Robert en courant à la fontaine.

La jeune femme la sortit de l'eau et l'éleva à sa bouche. Le taquin lui déchira la lèvre en s'en emparant ; elle le regarda avec une douceur infinie, et tout à coup, oubliant sa soif, elle lâcha la bouteille, glissa ses bras autour du cou de Robert et lui baisa le front avec une joie du ciel. L'enfant surpris lui échappa des mains, et la regarda tout effaré : elle tremblait, elle pleurait, elle était folle de joie ! La troupe curieuse, qui avait cessé de bondir, vint en cercle autour de la fontaine. La jeune femme était agenouillée devant Robert comme la vierge Marie devant Jésus. L'enfant, ému par les larmes de cette femme, demeura quelques secondes à regarder sa bouteille gisant sur l'herbe ; il se passait en lui quelque chose d'étrange : il avait peur, il n'osait lever les yeux ; mais bientôt, emporté par un sentiment ineffable, il reprit sa bouteille, la replongea dans la fontaine et l'offrit avec une candeur charmante à celle qui pleurait ; il y avait tant de regret dans son regard qu'elle en fut touchée ; elle lui pardonna de bon cœur son mauvais mouvement. Les enfans, presque attendris, demeuraient silencieux devant cette scène singulière. — Quelle est donc cette femme ? se demandaient-ils du regard, après avoir contemplé sa figure pâle et souffrante.

Pendant qu'ils demeuraient autour d'elle, la pauvre femme, qui ne les voyait point, reposait sa vue avec un charme infini sur la blonde tête de l'enfant à la bouteille d'osier. Des chansons lointaines traversèrent le silence; elle leva son regard et vit une guirlande de jeunes filles voltigeant vers la fontaine. Cette charmante apparition troubla son rêve; elle ressaisit la tête de l'écolier, et s'écria :

— O mon enfant!

Ces mots furent étouffés dans un sanglot qui déchira les entrailles des spectateurs en jaquettes. Elle se leva et se remit en route, non sans retourner la tête à chaque pas. Tout à coup elle s'arrêta sur le grand chemin, et après avoir passé et repassé sa main sur son front :

— J'étais folle ! je n'ai pas d'enfant, dit-elle.

Et elle disparut dans la nuit. Peu à peu les écoliers reprirent leurs jeux; un seul ne put résister à la mélancolie; il demeurait devant la fontaine, tantôt la regardant couler, tantôt détournant la tête pour revoir le grand chemin où la jeune femme avait disparu.

II

Douze ans après, Robert, qui avait couru le monde à la façon de Gilblas, revint un beau jour en son pays comme pour ressaisir la jeunesse qui le fuyait déjà. D'ailleurs il avait laissé à Soucy une cabaretière aimable pour laquelle il avait délaissé le maître d'écôte au beau temps de son adolescence. Cette femme avait été pour lui une sœur et presque une amante.

Au nord de l'île de Soucy, il est un pavillon perdu depuis un siècle dans un bouquet funèbre de sapins noirs et de saules échevelés; ce pavillon semble regarder avec dédain les maisons du village : il a l'air d'un étranger se réfugiant dans la solitude.

Une mendiante dit à Robert que la cabaretière demeurait là depuis peu; il traversa la rivière, il aborda l'île et s'avança en émoi vers le pavillon. Le soleil jetait un regard d'adieu à la nature; le vent s'endormait dans les rumeurs alanguies du soir. L'île était déserte; une seule famille de pêcheurs l'animait d'un côté. Robert s'étonnait de ne pas y rencontrer, comme au temps passé, toute la jeunesse amoureuse de Soucy. Il entrevoyait le pavillon à travers les saules, quand la cloche du village sonna lugubrement. A cette voix solennelle, qu'il avait tant de fois écoutée dans son enfance, il pâlit et ressentit un déchirement de cœur. Le son des cloches est un terrible souvenir; la musique rappelle un sentiment, la cloche rappelle un monde; Robert vit tout à coup son enfance qui repassait devant lui.

Il respirait avec amertume le doux parfum de sa candeur à jamais perdue quand un nouveau son de cloche l'avertit que c'était pour la prière d'un agonisant. Déjà dans le cercueil, il eût entendu sonner un glas pour lui avec moins de douleur et d'effroi qu'il n'en ressentit alors; il s'empressa d'arriver au pavillon; comme s'il devait prévenir un grand malheur. Le pavillon semblait plus morne que jamais; la cheminée jetait par intervalles une blanche bouffée qui se dispersait sur les têtes noires des sapins ; un balai était renversé devant la porte qui était entr'ouverte. Robert en franchit le seuil en plongeant un avide regard dans l'ombre ; la première salle était déserte ; il entra dans la seconde avec un étrange oppressement de cœur ; devant la fenêtre, il vit un lit mollement caressé par les derniers feux du soir ; un sentiment de pudeur ou de crainte l'arrêta durant quelques secondes — enfin il tendit la main, il souleva la blanche mousseline du rideau, et son regard errant tomba sur une chevelure éparse sur l'oreiller. A travers les flots de cette chevelure, il entrevit la joue pâle, la bouche terne, l'œil éteint d'une mourante. Il recula soudain et regarda autour de lui avec angoisse ; il était seul, seul devant un lit de mort. Il tomba involontairement agenouillé en demandant à Dieu si c'était l'hôtesse ; il n'osait plus lever les yeux, tremblant de la reconnaître en son heure dernière. Une des mains de la mourante pendait au bord du lit; sans voir cette main, il la saisit et la baisa avec une religieuse effusion. Tout à coup il se souvint que les cheveux de l'hôtesse étaient noirs; les cheveux qui voilaient la mourante étaient blonds : il leva les yeux au ciel avec reconnaissance et voulut s'éloigner du lit; mais il demeura comme s'il eût été retenu par une main de fer.

La nuit couvrait de deuil cette solitude; déjà le fond de la salle était perdu dans l'ombre; toujours agenouillé, la tête penchée sur la main de la mourante, il écoutait les derniers échos de la cloche, quand un bruit de pas traversa le silence. C'était l'hôtesse qui accourait avec un bouquet de cerfeuil, dont l'amer parfum devait ranimer la mourante. A la vue d'un homme agenouillé devant le lit, l'hôtesse chancela et faillit tomber à la renverse; mais Robert s'élança vers elle et la retint dans ses bras.

— Robert! s'écria-t-elle en lui prenant la tête entre ses mains.

Ils se regardèrent, ils ne se dirent rien. Robert tourna lentement son œil attristé vers le lit, et sembla demander à l'hôtesse quelle était cette femme qui allait mourir.

A cet instant, la malade gémit et murmura : Mon Dieu ! l'hôtesse essuya ses larmes et s'en fut dans l'âtre allumer une lampe.

Quand elle revint, quand la blanche clarté de la lampe glissa sur le lit, Robert retomba agenouillé en sanglotant.

Dans un regard rapide, il avait reconnu

la pauvre femme de la fontaine de Soucy.

L'hôtesse vit son élan avec une grande surprise et pensa qu'il devenait fou. L'agonisante entr'ouvrit les yeux sous la lumière et les referma aussitôt dans l'éblouissement. Elle devina plutôt qu'elle ne vit Robert à ses pieds ; elle lui tendit une dernière fois ses bras, et peu à peu, se ranimant encore à la vie, elle rouvrit ses yeux et contempla Robert dans une sainte extase : son front rayonna d'une joie céleste, son sein s'agita comme le sein d'une mère qui rêve à son enfant, son âme, déjà dans le chemin du ciel, s'arrêta entre Dieu et Robert.

— Oh! mon enfant, mon enfant! murmura-t-elle d'une voix éteinte.

Robert ressaisit les mains de la mourante; abîmé dans la douleur, il n'avait pas une pensée.

— Oui, vous êtes mon fils, dit la malade

plus rayonnante; la voix de Dieu l'a dit à mon âme.

— Oui, s'écria l'hôtesse saisie d'une étrange divination; oui, vous êtes son fils.

La malade regarda l'hôtesse avec égarement.

— Mon fils! Olivier!

Et reposant son regard sur Robert, elle sembla agitée d'un souvenir amer, et s'endormit dans le Seigneur.

— Ma mère! s'écria Robert en regardant l'hôtesse.

— Votre mère! murmura l'hôtesse dans la désolation.

— O mon Dieu, pourquoi ne me disiez-vous pas que c'était ma mère?

Dans l'immensité de sa tristesse, l'âme de Robert monta jusqu'au ciel, et retomba toute brisée sur la terre. Dans les orages qui nous renversent, notre âme s'élève à

Dieu, et descend bientôt en ce monde comme une colombe blessée : le premier élan qui élève l'âme est un sentiment, la secousse qui la brise est une pensée.

III.

Robert priait pour sa mère; il était devenu tout d'un coup plus religieux que jamais, toute son âme s'élevait à Dieu dans sa prière. Il avait toujours entre ses mains la main d'albâtre de la morte. Par intervalles son regard, voilé d'une larme d'amour, s'arrêtait sur la plus douce figure de mère qui fût dans ce monde. L'hôtesse anéantie voyait d'une œil égaré cette scène désolante; elle demeurait à la porte de la chambre, pâle, immobile, silencieuse.

Quand Robert eut long temps prié, quand son âme se fut reposée sur la figure angélique afin d'en garder à jamais l'empreinte, il se tourna vers l'hôtesse et lui dit : — Racontez-moi l'histoire de ma mère.

Et là, en face de cette femme qui était morte, l'hôtesse raconta à Robert d'une voix coupée de sanglots la triste histoire de Suzanne; car cette femme qui venait de mourir, c'était Suzanne, et l'hôtesse, c'était Mariette, la jolie servante du château de Vermand.

Robert écoutait avec angoisse; quand il apprit la barbarie d'Olivier, qui l'avait détaché du sein maternel pour le jeter dans

le désert d'un hospice, une sainte colère
s'anima en lui; il supplia l'hôtesse de lui
dire où était son père; mais l'hôtesse demeura fidèle à son serment de garder ce
secret terrible au fond de son cœur. Robert
la supplia en vain; l'histoire de sa mère lui
donnait l'exemple d'une sublime résignation, il se résigna.

IV

Voici l'histoire rapide de Suzanne depuis sa fuite du château de Vermand.

Elle se réfugia à Valvert dans la petite maison qui formait tout son héritage; les souvenirs de son enfance que réveillait en elle la vue des murailles et des meubles de son réfuge, étaient de pures rosées rafraîchissant son cœur du feu de l'amour; elle essayait de fermer les yeux à l'image d'Olivier qui flottait sans cesse autour d'elle ; elle avait dit adieu à son amant; sur l'ombre de sa mère elle avait fait le serment solennel de ne plus le revoir en ce monde; mais elle l'aimait toujours ; il devait être la joie, la douleur, il devait être l'âme de toute sa vie.

Dans les premiers mois de son séjour à Valvert, Mariette épousa le fils de l'aubergiste de ce village et quitta le château où elle était servante pour devenir maîtresse en l'auberge de Valvert. Olivier la dota de quelques arpens de terre dépendant du château, ainsi que l'avait espéré le fils de l'aubergiste, qui fut le plus humble et le plus heureux des maris.

Mariette, qui n'avait point oublié l'infortunée Suzanne, redevint alors sa consolation;

malgré les tracas de l'auberge, il ne se passait pas de jours qu'elle ne vît sa malheureuse amie de plus en plus ravagée par l'amour.

Comme Suzanne n'avait aucune ressource, elle eut d'abord recours au travail et vendit des broderies aux dignitaires du village; mais bientôt le notaire l'avertit qu'il lui revenait quelques milliers de francs de la succession de sa mère ; — elle ne vit point la main d'Olivier dans le secours.

Mariette devint mère d'une fille ; Suzanne en fut la marraine et passa tout son temps à la bercer, à la regarder boire au sein de sa mère ou dormir dans ses bras ; à la vue de cet enfant elle se rappelait d'étranges choses ; il lui semblait qu'elle avait vécu en d'autres siècles, qu'elle avait aussi été mère, et sa tête se troublait. — O Mariette que vous êtes heureuse ! s'écriait-elle tout éperdue.

Mariette ne fut pas long-temps heureuse ; elle perdit en quelques jours sa fille et deux autres enfans qu'elle avait eus depuis.

Et pendant qu'elle pleurait ses enfans avec Suzanne, elle perdit son mari qui l'aimait.

Les deux pauvres amies se consolèrent long temps en pleurant ensemble; leur jeunesse s'éteignit dans les larmes.

Un mauvais hasard apprit un jour à Suzanne que l'argent qu'elle touchait en l'étude du notaire était un secours d'Olivier ; ses larmes furent plus que jamais amères.

Elle se dépouilla : elle vendit la petite maison de sa mère; elle vendit les meubles qui étaient pour elle de saintes idoles, elle vendit ses joyaux et déposa l'argent de toutes ces choses au notaire, en le priant de le remettre à Olivier.

Vers ce temps-là elle fut demandée par

une grande famille de la province pour être l'intendante d'une campagne délaissée. Mariette voulut l'empêcher de partir, Mariette la supplia de partager avec elle les revenus de son auberge et de ses quelques arpens de terre; mais elle partit, espérant que plus éloignée d'Olivier son amour la tourmenterait moins.

Elle demeura dans la solitude qu'elle gouvernait durant tout le premier veuvage de Mariette.

Une seule fois, un souvenir d'amour la ramena dans son pays. Ce fut la veille du jour où elle s'arrêta à la fontaine de Soucy. Elle croyait n'avoir que peu de temps à vivre, et elle ne put résister au désir de revoir une dernière fois sa belle vallée de Valvert, le beau village tapi sous la feuillée comme un nid d'oiseau, la maison de sa mère, la flèche du clocher, l'auberge de

Valvert; — et peut-être aussi le vieux château de Vermand où elle avait cueilli la fleur la plus douce et la plus amère de la vie.

Or, quand elle revit le vieux château de Vermand, un mauvais ange l'arrêta sur la route de Valvert ; après avoir vainement résisté, elle prit un détour pour arriver au sentier conduisant du village au château. Elle craignit de rencontrer quelqu'un et prit un autre détour dans les grandes prairies qui se déploient devant le verger.

Elle suivit le bord d'un petit ruisseau qui s'échappait du gué, et quand elle fut près du mur dévasté du jardin, elle plongea un regard avide sur le manoir ; — le manoir était toujours morne et délaissé.

Elle se reposa sur l'herbe et attendit la nuit en rêvant : tristes furent ses rêves, car son âme était noyée d'amertume, son cœur était douloureusement oppressé. — Quand vint le soir, elle entendit du bruit au château : c'était l'arrivée d'Olivier, qui venait quelquefois rêver au sein de ce vieil ami de son enfance, de ce triste témoin de sa jeunesse et de son amour.

Ce soir-là, il descendit au jardin et s'arrêta long-temps sous les saules du gué. Suzanne, qui était de l'autre côté du mur, ne se doutait pas qu'il fût si près d'elle, quand il se mit à chanter sur l'air lamentable d'une complainte, une vieille romance qu'elle avait souvent chantée.

La pauvre fille se leva tout éperdue, se tordit les bras; et se rapprochant de la muraille qui était parsemée de quelques os servant autrefois à attacher la vigne et les pêchers, elle ne put s'empêcher de mettre un pied sur un de ces os et de se suspendre des mains; l'amour lui donna l'agilité d'un chat; elle parvint à grimper à la muraille, elle parvint à entrevoir Olivier à travers le clair feuillage des saules du gué; la pâleur et la tristesse de son amant la consolèrent de la vie

Elle se laissa retomber sur l'herbe; la nuit couvrait la terre, le vent balançait les verts panaches du printemps et répandait dans le vallon un doux parfum de jeunesse qui la ranima peu à peu.

Elle se remit en route; — comme elle dépassait les grandes prairies étoilées de primevères, elle entendit encore la voix d'Olivier qui retournait au château de la Roche; elle le revit bientôt sur le penchant du côteau, doucement emporté par son cheval. Involontairement la pauvre folle s'élança vers lui; mais elle s'arrêta bientôt, brisée par les battemens de son cœur; elle le suivit encore des yeux dans la trame brune du soir — enfin, Olivier disparut pour toujours à ses yeux ; elle l'avait revu pour la dernière fois.

Elle passa la nuit avec Mariette à l'auberge de Valvert, et s'en retourna le lendemain dans l'après-midi vers sa triste solitude. En repassant à Soucy elle s'arrêta à la fontaine où elle trouva Robert parmi la bruyante troupe d'écoliers.

De retour en sa solitude elle retrouva du calme pour son cœur; la noble famille qu'elle servait l'avait prise en amitié, et la voyant si sombre et si désolée, elle l'emmena en voyage pour la distraire. Au retour, elle s'en revint à Valvert pour recueillir les dernières consolations de Mariette, qui vendit son auberge, et qui emmena l'infortunée dans l'île de Soucy, dans le pavillon où elle venait de mourir sans avoir pu vaincre son amour

— O mon Dieu! s'écria Robert en apprenant l'histoire de sa mère, que ne puis-je retourner dans ma vie jusqu'à ce beau soir où j'ai vu ma mère à la fontaine! j'aurais passé tout mon temps à l'aimer et à la servir.

— Hélas! dit l'hôtesse, elle m'a souvent parlé de votre rencontre ce soir-là; il y avait alors un an qu'elle était intendante : elle n'avait pas revu son cher pays; elle était accourue comme une folle; — en retournant elle s'était arrêtée à la fontaine de Soucy; elle vous avait vu; votre image était celle de celui qui l'a trompée; un souvenir confus l'avait avertie de sa maternité, et vous aviez pleuré dans son embrassement. Elle me rappelait souvent cette scène avec des larmes de joie et de douleur; elle aimait à me dépeindre votre mine enjouée, votre tristesse soudaine en la voyant pleurer. Et moi qui ne pouvais me douter que vous étiez son enfant, j'essayais de repousser loin d'elle toute idée de maternité. — L'enfant de Suzanne! Voilà donc pourquoi je vous aimais tant; en vous voyant pour la première fois, j'ai été toute émue, je croyais retrouver un enfant perdu depuis longtemps. Mon Dieu, que n'avais-je deviné, à la vue de vos yeux, que vous étiez l'enfant de Suzanne! Vous seul pouviez la consoler de la vie et la défendre de la mort.

V

Robert pleura au lit de mort de sa mère jusqu'au matin ; l'hôtesse avait fini par s'endormir. Le soleil vint une dernière fois rayonner sur la blanche figure de Suzanne, qui était belle dans la mort comme dans la vie ; elle s'était éteinte sans secousse, son âme avait doucement pris le chemin du ciel, et sa figure sereine et presque souriante semblait animée des purs ravissemens et des divines extases de son âme au ciel. Robert, qui n'avait point assez vu sa mère dans la vie, la contemplait dans la mort. — Et d'ailleurs a-t-on jamais assez vu sa mère? — Il lisait avec amertume sur son front légèrement sillonné, sur ses paupières brunies, sur ses joues livides, il lisait toutes ses souffrances, toutes ses peines, toutes ses douleurs, en songeant à l'histoire que l'hôtesse lui avait racontée avec tant de simplicité, tant de tristesse et tant de larmes.

Au convoi de sa mère, Robert ne vit qu'un seul étranger; c'était un homme qui touchait à la vieillesse. Au sourire de sa bouche on devinait que l'amertume de la vie humaine avait passé là; il semblait dévoré

par une mélancolie profonde. Pendant la
messe, son regard voilé s'attacha souvent
à la lugubre draperie qui couvrait le cercueil de Suzanne. Il ne suivit point le cercueil au cimetière; mais quand Robert eût
arrosé de ses larmes la terre qui avait repris sa proie; quand Robert, qui était resté
le dernier dans le champ des morts, s'en
retourna dans l'île, cet homme, qui n'était
point un étranger, alla à son tour s'agenouiller sur la fosse de Suzanne.

IX

MADAME DU ROCHER.

UNE PROMENADE
Au bois de Boulogne,
En septembre 1840.

PROMENEURS :
M. Edouard de Nogent, aspirant au conseil d'État et au Jockey-Club.
Madame du Rocher, femme qui s'ennuie et qui a 28 ans depuis 1837.

Le soleil décline.— Le vent berce les branches fannées des maronniers. — Les chevaux vont au pas après une course en vue de Boulogne.

M. DE NOGENT.
(*A part.*)

Ainsi il est bien entendu que je me promène au bois avec madame du Rocher, à la seule fin de lui dire que je l'aime. C'est difficile à confier; mais quand c'est le cœur qui parle on est à peu près toujours écouté. Voyons, de l'audace! Je suis bien capable de ne rien dire qui vaille, ou plutôt de ne rien dire du tout. Madame du Rocher a oublié à cette heure le sous-préfet de S.... Cet imbécile! Comment avoir délaissé une femme adorable comme celle-là? (*Rencontrant le regard mélancolique de madame du Rocher*) Il fait, en vérité, le plus beau temps du monde.

MADAME DU ROCHER.

Vous faites des vers, M. de Nogent, ne vous en déplaise.

M. DE NOGENT.

Comme M. Jourdain, ni plus ni moins, madame, sans le savoir. — Prenez garde à ce buisson, votre cheval est capricieux comme une écolière. — Je l'avoue humblement, j'ai commis un sonnet dans ma vie quoique je n'aie jamais eu les cheveux en branche de saule pleureur.

MADAME DU ROCHER, *souriant.*

De grâce dites-moi ce sonnet.

M. DE NOGENT, *devenu sentimental.*

Il est enseveli dans les ruines de mon cœur avec celle... celle qui avait des yeux bleus.

MADAME DU ROCHER.

C'est donc une épitaphe que ce sonnet?

M. DE NOGENT.

A peu près, madame. Mais, *requiescat in pace*, n'en parlons plus, s'il vous plaît. (Un silence.) N'est-il pas bien étonnant de nous promener à Paris le 15 septembre? Il est vrai que nous sommes en ce moment entre Auteuil et Boulogne, mais pourtant nos amis ne nous pardonneront pas.

MADAME DU ROCHER.

Ah! mon Dieu oui. A Paris, au mois de

septembre, c'est être en pleine province. Mais où est Paris à cette heure?

M. DE NOGENT.

Paris est éparpillé çà et là dans les chaises de poste, dans les châteaux, dans les auberges.

MADAME DU ROCHER.

Après tout, je crois que Paris est plutôt encore à Paris qu'ailleurs. Hier, le salon de madame de L*** était plus animé que jamais. Les hommes y parlaient beaucoup de leurs guêtres de chasse, mais je n'en croyais rien. Ces hommes sont ridicules. Ils vous diraient volontiers : « Vous me voyez à Paris, mais je n'en suis pas moins dans la forêt de Compiègne ou dans les montagnes de l'Auvergne. » Bientôt, je l'espère, il sera de bon goût de passer la belle saison à Paris.

M. DE NOGENT.

Comme vous dites et comme vous faites,

madame. J'oubliais de vous dire que j'ai reçu ce matin une lettre de Spa. Le ciel fait toujours mauvais visage aux buveurs d'eau; madame la vicomtesse S*** a le cœur plus malade que jamais; Hector a toujours une bonne fortune en tête. Il a poursuivi jusqu'à Liège une Flamande à la mode qui s'est moquée de lui parce qu'en arrivant dans cette ville de pluie et de fumée, il s'est écrié : Voilà donc le pays des bouchons. Il a eu beau faire et beau dire depuis cette naïveté, la Flamande rit toujours : une femme qui rit est sauvée, dit Larochefoucault, mais une femme qui pleure est si belle!

MADAME DU ROCHER, *avec un sourire moqueur.*

Les femmes pleurent donc avec vous, M. de Nogent?

M. DE NOGENT, *avec une feinte modestie.*

Au contraire, madame, c'est parce que

je suis las de voir rire les femmes que je vante leurs larmes. Mais à propos de femmes qui rient, savez-vous ce qu'est devenue madame de C*** depuis sa mésaventure à Bruxelles?

MADAME DU ROCHER.

Elle s'est ensevelie dans ses souvenirs et dans son château. En un mot, elle s'est retirée du monde. Mais je ne suis pas bien savante sur sa mésaventure.

M. DE NOGENT.

Vous savez qu'elle était partie pour les bains d'Ostende avec M. de C***. Chemin faisant, voilà les époux qui rencontrent à Bruxelles le jeune comte de Saint-E***, qui est en train de se marier par-là avec la fille unique d'un fabricant quasi-millionnaire. M. de C***, qui a le dessein d'acheter le petit domaine du vicomte, l'a prié de se promener en sa compagnie : on a parlé de l'étang d'Yxel, c'est-à-dire d'une promenade sur l'eau. Madame de C*** a été de la partie. On a demandé la plus jolie nacelle, on s'est mis gaiement en route. Le vicomte a ramé pendant une demi-heure avec une grâce parfaite. Madame de C*** prenait plaisir à le voir; M. de C*** décriait les fortunes territoriales pour arriver à ses fins. La nacelle se heurta tout à coup à une petite île boisée des plus attrayantes, un vrai boccage de poète élégiaque, où les bucoliques amans de Bruxelles vont écouter leur cœur dans le concert des rossignols aquatiques. M. de C*** descendit dans l'île sans trop savoir pourquoi, entraîné par le diable, à coup sûr. A peine est-il sur la terre ferme que le vicomte, qui ne perd jamais la carte et qui gagne toujours au jeu, laisse échapper les rames en s'écriant : — Ah! mon Dieu, M. de C***, je vous croyais tombé à l'eau. Cependant, la source qui vient de l'île entraîne bientôt la nacelle loin du bord. Le vicomte fait semblant de vouloir reprendre les rames; mais malgré ses efforts apparens, les rames lui glissent des mains et suivent la nacelle à distance. — Comment faire? dit madame de C*** enchantée de ce contre-coup romanesque. — A la grâce de Dieu, madame! laissons aller la nacelle. Pour M. de C***, qu'il fasse le tour de l'île. Dans un quart-d'heure nous aborderons là-bas, et nous reviendrons dans l'île avec des rames. M. de C*** riait très haut pour cacher son dépit. Il se promena plus d'une heure autour de l'île sans perdre de vue la nacelle. Or, pendant cette heure, le vicomte, pour me servir d'une métaphore du pauvre mari, ramait de toutes ses forces dans le cœur de madame de C***. Ses débuts furent des plus hardis; il parla avec feu de sa passion soudaine; et en vérité le feu ne tomba pas à l'eau. Madame de C*** feignit d'abord une vertu surhumaine, elle finit par laisser sa main une seconde de trop dans la main du vicomte.

MADAME DU ROCHER.

Voilà donc pourquoi le domaine a été vendu à si bon compte à M. de C***?

M. DE NOGENT.

Oui, madame, et pourtant ce pauvre M. de C*** a plus perdu encore que le vicomte.

MADAME DU ROCHER.

Mais si nous allions un peu plus vite; nos chevaux ont l'air de s'ennuyer.
(*Après un sifflement de cravache, les chevaux reprennent le galop.*)

M. DE NOGENT, *d'une voix coupée, au bout de la course.*

L'automne est revenu, la feuille est grillée partout, on respire je ne sais quoi de doux, de triste, cà et là un souvenir du printemps et une espérance du joyeux hiver parisien. La rue de Varennes s'égaie déjà; ce matin il y avait au moins quatre portes ouvertes. Ah çà! vous danserez au premier bal à l'hôtel de la marquise de R***.

MADAME DU ROCHER.

Qui sait si on dansera cet hiver à Paris ailleurs qu'au bal masqué; car si nous avons la guerre? Qu'en dites-vous?

M. DE NOGENT.

Vous n'aurez pas la guerre, Mesdames, c'est bon pour nous autres. Les Anglais et les Russes n'ont, j'imagine, pas à se plaindre des Françaises. Oui, Mesdames, vous danserez cet hiver, vous danserez jusqu'à la fin du monde. Il n'y aurait plus un seul homme, que les Françaises danseraient encore.

MADAME DU ROCHER.

A votre aise, Monsieur. Cependant si la guerre vient, j'irai, sans plus tarder, m'exiler avec mes gens et mes bêtes au château de ma grand'mère. M. du Rocher restera ici bien entendu avec ses affaires. J'assisterai à tous les spectacles de la mauvaise saison. Est-ce que vous n'aimez pas à voir tomber la neige? J'emporterai des romans, ma grand'mère me dira des contes...

M. DE NOGENT.

Et puis vous vous abonnerez à un journal de modes.

MADAME DU ROCHER.

Un journal de modes! c'est un journal politique pour les femmes. Mais point de journal : dans la solitude, c'est un regret qui vient tous les jours de Paris. J'aime mieux un almanach, cette vieille gazette qui a sur tous les autres l'avantage de ne paraître, c'est-à-dire de ne mentir qu'une fois l'an.

M. DE NOGENT.

Alors, que ferez-vous ; je ne dirai pas de votre cœur qui aime l'oisiveté, mais de votre curiosité ?

MADAME DU ROCHER.

J'ai la curiosité dans le cœur, moi, ne vous en déplaise; (*avec un peu de dédain*) voilà pourquoi je ne vous demande jamais de nouvelles.

M. DE NOGENT, *inclinant la tête avec mélancolie.*

Je n'ai plus rien à dire.

MADAME DU ROCHER *se ravisant comme pour consoler M. de Nogent.*

Dites-moi, vous écrirez votre sonnet sur mon album, n'est-ce pas ?

M. DE NOGENT.

Jamais, Madame. Mais comment se fait-il que vous ayez un album, vous qui avez le goût si parfait. Permettez-moi de vous avertir que les albums sont un peu tombés dans le domaine des bourgeoises du Marais. Votre âme où les beaux souvenirs s'inscrivent en lettres d'or, voilà l'album (*baissant la voix*) où je voudrais écrire ; car celui-là, nul ne l'a profané, nul ne le profanera de la main ou du regard. Un journaliste, qui a la main spirituelle, a écrit là dessus des vers en prose qui ne sont pas sans rime ni raison. Madame la comtesse M*** le priait d'enrichir son album d'une fantaisie quelconque ; l'ingénieux critique a pris la plume, et au revers d'une sentence naïve de M. H, il a écrit :

> Ah ! croyez-moi, madame, il faut proscrire
> Ces feuillets blancs à tout le monde ouverts ;
> Livre banal où la prose et les vers
> Luttent entr'eux, hélas ! pour ne rien dire.
> Un honnête homme écrit tout de travers
> Quand.....

MADAME DU ROCHER, *avec un peu de dépit.*

A propos de M. H***, avez-vous lu la lettre à Georges?

M. DE NOGENT.

Qu'est-ce que Georges?

MADAME DU ROCHER.

Le cousin de mon mari; vous savez ce petit collégien enthousiaste qui ne veut pas couper ses cheveux. Il a écrit, je ne sais où, un feuilleton sur l'avenir du christianisme, et tout de suite M. H*** lui a écrit une lettre précieuse où il lui dit ceci ou à peu près « Vous venez, Monsieur, d'ouvrir un sillon dans les âmes; honneur, honneur aux laboureurs d'âmes! quand la moisson sera venue ils recueilleront les plus beaux épis. »

M. DE NOGENT.

Voilà ce qui s'appelle jouer avec les enfans.

MADAME DU ROCHER.

Un mauvais jeu en vérité ; depuis cette lettre, notre collégien, qui croit avoir un brevet de laboureur d'âmes, ne veut plus permettre aux professeurs de labourer son esprit.

M. DE NOGENT, *voyant passer la locomotive et ses accessoires sur le viaduc de la rive gauche.*

Voyez donc, Madame, le dragon aux ailes de feu ; mais il est trop tard.

MADAME DU ROCHER.

Je ne vois rien. Vous voulez, j'imagine, parler du chemin de fer. A la bonne heure, voilà un effet de paysage ! Vous savez le mot de ce paysan de Viroflay qui, se voyant dimanche sur le viaduc, se penchait avec enthousiasme afin de voir tout son saoul et pour son argent : Un brave bourgeois du Marais, un actionnaire intrépide lui cria :

Monsieur, prenez garde! Que diable, Monsieur, prenez garde! Le paysan se retourne avec impatience : Pas de danger! *Est-ce qu'on a le temps de tomber?*

M. DE NOGENT.

Ces chemins de fer sont bien l'image de la vie. Nous voyageons ainsi par le monde, voyant les choses qui fuient ou les choses qui viennent; mais pas du tout celles qui passent. *Nous n'avons pas le temps de tomber,* comme dit le paysan. Oui, Madame, la vie est un chemin de fer.

MADAME DU ROCHER.

Quel pitoyable jeu de mots : vous ferez des vaudevilles un jour, M. de Nogent. — Mais, dites-moi, savez-vous que le soleil est couché. Où irons-nous ce soir? cela m'inquiète beaucoup.

M. DE NOGENT.

Vous n'avez pas revu Rachel?

MADAME DU ROCHER.

J'ai toujours le temps de la revoir. Et puis, vous avez beau dire, votre M. Corneille n'est pas amusant.

M. DE NOGENT.

L'Opéra...

MADAME DU ROCHER.

>Après l'Agésilas
>Hélas !
>Mais après *Stradella*
>Holà !

C'est la vue d'Auteuil sans doute qui me remet en la mémoire l'épigramme de Boileau...

M. DE NOGENT.

Madame de P*** serait bien enchantée de vous avoir pendant une heure.

MADAME DU ROCHER.

Oui, mais quel livre ennuyeux c'est là ! sans parler de son entourage qui est à l'avenant. J'aimerais presque mieux lire le dernier roman de M. de Balsac.

M. DE NOGENT.

Nous irons aux Champs-Élisées voir madame T***.

MADAME DU ROCHER.

Oh! pour Dieu, non; celle-là s'entend trop bien avec M. du Rocher sur le cours de la bourse. Nous serions là comme à Tortoni, moins les glaces. Et puis madame T*** gâte trop son chien et ses enfans; il faut subir tout cela sans se plaindre. Après tout, si vous voulez, nous irons voir Corneille et M Rachel.

M. DE NOGENT.

Tout est dit, Madame. (*A part.*) Nous voilà encore une fois au bout de notre promenade; mais cela ne me mène à rien; je ne ferai pas mon chemin avec les femmes; je me promènerai toujours, je n'arriverai jamais. Mais en amour ne vaut-il pas mieux se promener que d'arriver.

(*Les chevaux ont repris leur course vers l'arc de triomphe.*)

LES DEUX VEUVES
DE NORMANDIE.

I

ÉLISA.

Là-bas, en Normandie, loin du monde, loin des fêtes, loin des orages, dans ces mornes paysages qui bordent la mer depuis Dieppe jusqu'à Saint-Valery, sur le penchant d'une montagne couronnée de pommiers s'élève, avec un certain orgueil encore, le château de ce M. de Flo— qui était si bien marquis sous Louis XV, le roi des marquis avant tout. Comme la plupart des châteaux de France, celui-là n'est plus au fond qu'une ferme élégante distinguée des fermes voisines par ses journaux, *la Gazette de France* et *la Pysché*, par ses deux salons magnifiques couverts de boiseries sculptées, par ses quatre chiens qui sont les plus beaux et les plus joyeux de la Normandie, et enfin et surtout par la belle dame à demi fermière et à demi châtelaine qui s'appelle madame Élisa de Flo—, la veuve du petit-fils du marquis pompadour.

J'eus l'honneur d'être présenté l'an dernier à madame de Flo—. Je voyageais en Normandie en chasseur de paysages : je la surpris au milieu de son jardin, cueillant des groseilles dans un grand panier destiné à sa cousine de Clacy, dont je vous dirai ailleurs quelque chose. Je me mis sans plus de façons à cueillir des groseilles avec elle. Tantôt assise, tantôt mollement penchée autour des groseilliers, elle était comme toujours mais plus que jamais ravissante. Je la contemplais avec une naïve admiration : j'admirais son beau front encore rougissant au plus petit propos aimable, ses longs cheveux châtains s'échappant du peigne et s'éparpillant au gré du vent sur l'une ou l'autre épaule, les lignes ondoyantes de sa figure, sa bouche toute pleine de ces doux et charmans sourires qui se forment ici-bas et qui s'en vont mourir là-haut ; j'admirais par-dessus tout ce je ne sais quoi dont parle Voltaire, cet attrait indéfinissable, ce charme étrange que les anges — je pourrais dire le diable — répandent autour des belles femmes.

Le soleil allait descendre l'autre versant de la montagne, l'horizon tout enflammé jetait un nouvel éclat à la belle châtelaine ; en même temps les rumeurs allanguies du soir, l'élégie du rossignol, les plaintes mourantes du vent, le dernier soupir de la nature rouvraient son âme et la mélancolie. Notre babil languissait, nous ne savion plus que dire, tout simplement parce que nos cœurs étaient pleins de paroles — le dirai-je ? de paroles tendres : madame de Flo—se rappelait à cette heure si douce les temps évanouis, meilleurs sans doute ; — était-ce la souvenance ou l'espoir qui me remplissait le cœur ?—Pourquoi ne le pas avouer ? pourquoi ne pas vous dire que j'ai adoré madame de Flo—durant cinq grandes minutes au moins ? Je l'adorais sans m'en douter, et elle me pardonnera — elle m'a pardonné. —Trouvez-moi une femme, s'il vous plaît, qui n'ait point pardonné cela.

Cependant la nuit, qui ne ferait pas une

enjambée de moins pour les plus beaux yeux du monde, arrivait déjà par le fond du jardin ; le panier de groseilles était plein jusqu'aux bords. Madame de Flo— n'avait pas trop l'air de songer à s'en aller, moi je n'y songeais pas du tout en vérité. Une grande fille mal vêtue et mal peignée vient, mal à propos avertir la belle fermière que, ce soir-là, les vaches avaient donné tant de lait que les pots n'en savaient que faire. Ainsi rappelée tout d'un coup dans le chemin de la vie terrestre, madame de Flo— se leva en secouant son mouchoir, je ne sais pourquoi, peut-être pour chasser les rêves voltigeant autour d'elle ; — puis nous retournâmes au château tout en devisant des soucis de la ferme.

Madame de Flo—, née Élisa de C—, touche à ce certain âge, à cet âge incertain qui fait tant jaser les rivales ; je pense que son acte de naissance se trouverait sans trop de peine dans un petit village, aux environs d'Abbeville, au registre de 1805. Madame de Pr— et ses autres rivales disent qu'elle est de 1803, ce qui lui faisait dire un jour avec une malice insouciante : — Je suis de 1807. mais ne me croyez pas plus que madame de Pr—. Elle fait d'ailleurs bon marché de son âge. Qu'importe en effet le nombre des années quand la jeunesse ne s'en va pas? Ainsi voyez comme elle tient peu à cacher ses trente-quatre ans, si ce n'est par les roses de ses joues : ces jours passés elle écrivait à un peintre de ses amis, M. Jules Varnier, qui doit faire son portrait : « dé-« pêchez-vous donc! demain il serait trop « tard si j'en crois mon acte de naissance. »

Madame de Flo— s'est mariée dans les beaux jours de la restauration, vers le mois

de novembre 1824. A propos d'une belle
mariée, on parle encore aujourd'hui de celle-
là dans tout l'arrondissement. Elle passa
ses hivers à Paris jusqu'en 1830. Après le 7
août, M. de Flo— qui était garde-du-corps,
ne se voulut point rallier, il s'en alla dans
ses terres comme tous les mécontens. M. de
Flo— tenait beaucoup de son grand'père et
de sa grand'mère que Boufflers a chantée :
il fallait à cette nature de marquis le soleil
de la cour, il lui fallait de l'éclat et du bruit.
Dans le silence et dans l'ombre de la vie de
province il se laissa mourir sans trop de ré-
sistance, en recommandant à sa femme de
rester fidèle, sinon à lui-même, du moins à
ses pareils. Madame de Flo—, qui l'aimait
avec tendresse plutôt qu'avec passion, qui
l'aimait comme on aime en Normandie,
pleura beaucoup, et se consola un peu dans
les distractions champêtres; elle cultiva

tout à la fois la mémoire et les terres du noble défunt.

A l'heure qu'il est, Madame de Flo— devient plus pensive que jamais; les rêveries oisives abordent son âme; çà et là son cœur a des élans vers les fêtes du monde, ou plutôt les fêtes de la vie; de ces magnifiques élans dont la musique seule a le secret. Et, en effet, n'y a-t-il donc plus rien au-delà de l'horizon des pommiers de la montagne? De temps en temps les brises lui apportent comme un parfum d'un autre monde où il y a des rubans qui flottent, des concerts magiques, des chevaux qui piaffent à l'heure de la promenade, des bals où l'on respire l'amour, un autre monde encore, moins bruyant et plus voilé, où les sentiers sont verts, les prairies en fleur, les bosquets touffus, les fontaines solitaires. Toutes ces séductions, qui font chanceler un peu la belle veuve dans la cour de sa ferme, dans le jardin de son château, sont les derniers échos de sa rayonnante jeunesse ; ces derniers échos sont les plus terribles : y résistera-t-elle ? le bonheur facile de la vie champêtre, l'églogue et l'idylle l'emporteront-ils sur le roman qui déploie ses splendeurs ? Dieu seul le sait. Ce que nous savons, c'est que Madame de Flo— a, le dernier hiver, passé presque tout son temps à son piano, et qu'elle a un peu négligé les terres de son mari — je n'oserais dire la mémoire.

II

ANNA.

Après ce chapitre, que j'aurais voulu ne pas finir, ou du moins ne pas finir ainsi, en voici un autre qui tourmente ma plume et qui a tourmenté plus d'un cœur. Le portrait de Madame H—, la femme du notaire du pays, formera un gracieux pendant à celui de Madame de Flo—. Préparez encore un clou dans votre cœur pour accrocher ce portrait.

Madame H— aura vingt-sept ans aux neiges de décembre, s'il faut l'en croire ; sa figure à coup sûr ne la dément pas. Encore une fois, n'écoutons pas les almanachs : il y a des femmes que le temps protége en passant de ses ailes rafraîchissantes, contre les dégâts du soleil, c'est-à-dire de l'amour ; il y en a d'autres qui bravent avec insouciance les ravages du temps ; et le temps a beau faire : il flétrit les roses, une heure après les roses refleurissent plus belles. Mais passons là-dessus, et, pour n'y plus revenir, marquons par un aphorisme le point de départ :

« Une femme n'a que l'âge que lui trouve son amant,
» si pourtant cet amant soupire encore un peu. »

Madame H— est née à Paris, boulevart Mont-Parnasse, grâce à un marchand de bois et aussi à une marchande de bois. Elle a passé sa belle jeunesse sous le linceul de l'ennui ; et quel ennui que celui qui vous prend au milieu des bois à brûler du boulevart Mont-Parnasse ! Enfin la destinée eut pitié d'elle et lui dépêcha de la Normandie un de ses cousins qui cherchait une dot et même une femme. Mademoiselle Anna (j'ai oublié le nom de famille) avait une honnête petite dot de 50,000 francs, sans parler des épingles, et sur ce le susdit cousin l'aimait avant de la voir ; la vue d'Anna ne gâta rien à l'*affaire* et l'*affaire* se fit — d'autres diraient le *mariage*. Anne partit en 1834 pour la Normandie, au grand dépit de quelqu'un dont le nom m'échappe. En Normandie, Anna trouva une assez jolie baraque et un jardin à planter des choux.

En revanche, son mari (ne médisons pas des absens) n'était ni aimable ni spirituel, il ne laissa jamais parler son cœur, tant il avait peu de choses à dire de ce côté là. — Il adorait les inventaires et les testamens : aussi, en mourant, son dernier plaisir a été de faire son testament, et son dernier mot a été un conseil pour l'inventaire qui devait suivre sa mort. On aurait dû ensevelir ce mari-là dans le papier timbré. — Madame H— fit tout comme les autres.

Maintenant que j'ai dit qu'elle était veuve, il est de mauvais goût de faire son portrait. — Après tout, le portrait d'une belle femme ne fait jamais de mal à elle-même, mais bien aux hommes et aux autres femmes.

— Madame H— possède avant tout cet éclat charmant que n'ont ni les jeunes filles ni les femmes mariées, cet éclat que donne le mariage, mais que le mariage efface bien vité aussi; les jeunes veuves le conservent longtemps. En outre, *secundo*, comme dirait le défunt notaire s'il faisait l'inventaire de sa femme, madame H— a la figure la mieux dessinée du monde, partout une ligne pure, un gracieux linéament, une forme ravissante. Elle a des cheveux noirs assez beaux, assez mals plantés dans le cou, des yeux brunissans, autrefois bleu de mer, une bouche pleine de perles et de doux sourires. Joignez à tout cela un teint d'Andalouse du boulevart Mont-Parnasse, de l'enjouement sinon de la gaiété, un joli corsage doucement arrondi, que j'essaierais bien malgré cela d'enfermer dans mes mains, des pieds légers comme les chantent les poètes, une voix qui sait aller au cœur. En voilà plus qu'il n'en faut pour troubler toute la Normandie.

Elisa et Anna sont de vieilles et fidèles

amies éprouvées au feu et à l'eau : elles se voient souvent, elles pleurent ensemble pour se consoler de leur veuvage; madame de Flo— fait de la musique pour madame H—, et madame H— fait des aquarelles pour madame de Flo—. La musicienne a beaucoup de talent; j'ai dans le cœur et sur les lèvres un air ravissant à propos de cette vieille chanson :

> Blanche dormait sur le rivage ;
> Un chevalier passa par là..

La veuve du notaire dessine à merveille et ce n'est pas là son seul talent : elle s'avise parfois de faire de jolis petits vers malgré son dédain pour les bas-bleus.

Dans ses vers, la rime manque un peu, mais l'esprit et le sentiment ne manquent pas. Que de poëtes de nos jours qui ne trouvent que la rime! Madame H—, qui avant tout cherche dans son cœur, trouve d'abord le sentiment ; la rime vient quand elle peut. Il y a, me disait-elle, deux dictionnaires pour les poètes : le dictionnaire du cœur et le dictionnaire des rimes ; quand les poètes ouvrent le second : c'est qu'ils n'ont plus rien dans le premier, ou plutôt c'est qu'ils ne savent pas lire dans le premier. — En dépit de son mari, le notaire, elle est arrivée à l'esprit par le chemin du cœur. Elle babille aussi bien que madame d'Epinay (celle du xviiie siècle) ; elle jette à tort et à travers des mots heureux comme ceux-ci : « Dans les affaires d'amour la griffe du « diable se trouve toujours à côté du doigt « du bon Dieu. — La vie est un fil que Dieu « tient par les deux bouts et qu'il nous « donne à retordre. — Pour les amoureux « la terre tourne dans le ciel, pour les au-

« tres elle tourne dans le vide. » Mais je n'en finirais pas si je m'arrêtais sur l'esprit de madame H—. Il y aurait d'ailleurs du danger à parler plus longtemps de ses attraits ; la sagesse des nations défend de jouer avec le feu. Je m'incline et je me sauve.

P S. Je m'en doutais bien ! A l'instant une lettre m'apprend que madame H—se remarie avec un conseiller de préfecture d'A—. Encore si son pauvre mari, le défunt notaire, qui aimait tant le papier timbré, pouvait faire lui-même le contrat de mariage ! Que sa mémoire soit consolée : le contrat sera fait en son étude.

Et madame de St-Flo—?—Dieu lui garde la poésie de son veuvage et son amant M. de T—qui commence à ne plus s'amuser en Normandie.

*

Mon cher conseiller de préfecture, prenez garde à vous, car en vérité, vous serez en tout point le mari de cette veuve là. Prenez garde, elle ne vous épouse si bien que parce que M. Léon R — est nommé consul dans le Nouveau-Monde.

XI

MADAME DE WATTEAU.

ROMAN DE 1837.

I

MADAME DE WATTEAU.

Pierre cueille un bouquet dans le cimetière de Lavergny. — Madame de Watteau passe le long de
la haie.

J'ai dans le souvenir des romans tendres
et tristes, recueillis çà et là dans mes péle-
rinages aventureux. Ces romans sont des jardins enchantés, où je me promène tout seul
et tout à mon aise avec des ombres aimées.
J'ai souvent tenté d'écrire ces romans, mais
*

comme les poëtes qui flétrissent à plaisir les roses de leur vie en les cueillant pour le monde, j'ai craint par là de sortir pour toujours de mes chers jardins. D'ailleurs, comment profaner et déchirer du bout de la plume ces mystères sacrés du cœur, au risque de réveiller, non pas le scandale, qui ne se réveille pas, mais des douleurs à peine assoupies! Et puis, ces histoires presque toujours simples comme la vérité, ces histoires que j'ai souvent devinées et que j'ai quelquefois saisies en soulevant un coin du voile dont le diable couvre si bien et si mal les passions de la terre, seraient peut-être sans attraits pour les lecteurs accoutumés à toutes les splendeurs des imaginations ardentes. Malgré tout, je vais commencer. Je vais commencer par l'histoire d'un poète amoureux et d'une quasi grande dame qui s'ennuyait. Ne cherchez pas là les extravagances philosophiques, les coups de théâtre, les femmes échevelées : grâce à Dieu, je ne m'avise jamais d'aller si loin. J'aime les petits horizons, les petits tableaux et les petites histoires, rassurez-vous donc.

La première aventure sentimentale de Pierre se passe dans le cimetière de Lavergny, joli village du Soissonnais, à une lieue de la forêt de Villers-Cotterêts. Je débute par là sans plus de préface.

Pierre franchit la haie du cimetière, au grand scandale d'une vieille dévote qui passait là. C'était un joli cimetière verdoyant et fleuri, ombragé par un petit clocher grisâtre secouant çà et là des giroflées, des coquelicots et des ravenelles. Ce cimetière avait bien l'air d'une oasis. N'était-ce point l'oasis des paysans? Un pommier des plus branchus, un prunier d'une belle verdure, de grandes herbes qui semblent ne croître que pour la vache brune du fossoyeur ; d'un côté, un petit mur en ruines enseveli sous le lierre et l'ortie ; de l'autre côté, une haie de sureaux, d'épines et de groseillers sauvages ; sur les fosses, des marguerites et des myosotis ; un parfum sépulcral, malgré les fleurs et les touffes d'herbes épanouies ; un silence rêveur, malgré les rumeurs du village ; voilà le cimetière où Pierre était venu dans le dessein profane de cueillir un bouquet. Pourquoi ce bouquet presque funèbre? Et d'abord qu'est-ce que Pierre ?

C'était le fils de Jean-Jacques Méquignon, fermier de M. de Watteau ; c'était un blond et pâle garçon de vingt ans, qui sortait du collége de Soissons, et qui devait au prochain hiver étudier la médecine à Paris. En attendant, il rêvait de poésie, en dépit de son nom et des bruits prosaïques de la ferme. Il avait un peu l'air d'un poète de village, ce je ne sais quoi d'abrupte et de sauvage dont le spectacle reverdit l'âme. A propos de ses cheveux ébouriffés et de son chapeau penché en arrière, les moissonneurs lui disaient en le rencontrant : Prenez garde, M. Pierre, le vent enlève vos cheveux. Il n'était rien moins que beau; cependant il n'avait pas une figure commune : sa bouche était fine, son œil mélancolique, son front plein de lumière. Depuis son retour du collége, il était presque toujours seul, tantôt avec Ovide, tantôt avec Jean-Jacques; à peine s'il voyait sa famille aux heures des repas. M. de Watteau l'emmenait quelquefois au château pour jouer aux échecs; mais ce n'était qu'avec des prières infinies. Comme disait Pierre dans ses élégies, la solitude était son amante, en attendant mieux ou plus mal.

Pierre cueillait donc un bouquet dans le

cimetière. Encore une fois, pourquoi ce bouquet? Voulait-il l'attacher aux rideaux de son lit pour dormir à l'abri des défunts? Voulait-il le respirer pour rêver sur la mort comme il avait fumé de l'opium pour rêver sur l'amour? Voulait-il savoir quelles sont les fleurs qui viennent sur les débris humains? En vérité, je ne le sais pas. Il cueillait ce bouquet avec l'insouciance d'un poète qui se croit loin du monde et la mélancolie d'une amante qui effeuille une marguerite.

Tout-à-coup un beau cheval gris qui fuyait le long de la haie sembla l'appeler par ses joyeux hennissemens. Il leva la tête, et fit un profond salut en voyant madame de Watteau, dont l'amazone flottait au vent. Elle allait dépasser le premier pilier de l'Église, et Pierre, à peine distrait, se penchait déjà vers une tige de glayeul; mais, saisie par un caprice, la jeune femme fit bondir son cheval contre la haie, et d'une voix sonore : Monsieur Pierre, dit-elle en souriant, jetez-moi donc par-dessus ces sureaux une des fleurs de votre bouquet.

Pierre s'avança nonchalamment vers madame de Watteau, et; détournant les rameaux touffus, il offrit son bouquet sans trop rougir et sans trop se piquer aux épines des groseillers. Madame de Watteau lui accorda pour merci le plus doux regard du monde. Une femme aurait peut-être découvert un éclair de moquerie dans ce regard, mais Pierre, qui était simple, n'y vit que du feu. Si bien que madame de Watteau s'était envolée depuis plus d'une minute que le pauvre Pierre se trouvait encore dans la haie, menaçant de prendre racine comme dans les métamorphoses d'Ovide, son bien-aimé poète.

Enfin Pierre se détacha des groseillers

et voulut refaire un bouquet, mais madame de Watteau lui cachait toutes les fleurs. Il traversa le cimetière; il alla s'asseoir sur le petit pan de mur et s'abandonna avec délices à une de ces nuageuses rêveries qui ne passent en nos cœurs qu'à l'aurore de la jeunesse. D'abord on ne voit que les vapeurs flottantes du matin, peu à peu la brume se disperse, on pressent et on entrevoit les premiers rayons du soleil levant.

La nuit eût surpris le rêveur sur le pan de mur, si le fossoyeur, qui était aussi le sonneur et le sacristain, ne fût venu sous ses pieds faucher de l'herbe pour sa vache.

— Eh bien, M. Pierre, qu'est-ce que les morts disent tout bas? Croyez-moi, on ne dit rien de bon ici.

Pierre s'éloigna à regret et suivit sans y

penser le chemin du bois de Parmailles, où chevauchait madame de Watteau.

— Est-ce que je serais amoureux, dit-il tout à coup en s'arrêtant.

Il regarda le ciel, les arbres du chemin, les blés ondoyans; il écouta les bruits silencieux du soir. Pour la splendeur du soleil couchant, la nature toute réjouie donnait un concert infini; l'église sonnait l'*Angelus*, le rossignol jetait ses notes perlées, les lavandières chantaient à l'abreuvoir, la fontaine babillait avec les cailloux, le vent murmurait avec le feuillage.

— A tout cela, dit le poète Pierre, je ne comprends qu'un seul mot, c'est l'amour.

Et tout en dévorant du regard le fond de la vallée, où il espérait entrevoir madame de Watteau : — Demain, ajouta-t-il avec un soupir, j'irai jouer aux échecs avec M. de Watteau.

II

Pierre va jouer aux échecs avec M. de Watteau.

Madame de Watteau touchait à la seconde jeunesse, l'éclat de sa beauté pâlissait un peu, cependant elle était encore des plus attrayantes. Parisienne de Paris, ce qui est presque une merveille, elle était pleine de grâces et d'enjouement ; ses cheveux bruns encadraient admirablement sa figure aimable, qui souriait souvent, un peu pour sourire et un peu aussi pour montrer des dents blanches comme du lait; sa main mignarde, sa main souple comme un petit serpent jouait sans cesse avec des roses, jamais avec des lys, bien entendu. Malgré ses robes traînantes, on voyait souvent son pied, vous comprenez que c'était un joli pied. Sa mère l'avait mariée à dix-sept ans; elle avait aimé son mari, d'abord par curiosité, ensuite par distraction; enfin elle l'aimait par habitude. Le mariage avait abrité sa vertu fragile, pourtant son ame avait eu quelques rayons d'inconstance ainsi; une fois, aux bains de Dieppe, elle avait admiré quelques secondes de trop un beau capitaine d'artillerie; à Paris, au bal masqué de l'Opéra, elle avait oublié sa main dans celle d'un cousin durant une minute au moins ; enfin, au bal du sous-préfet de Soissons, elle avait valsé trois fois avec un conservateur des eaux et forêts que redoutaient tous les maris du département. Malgré ces buissons de la route, la vertu avait toujours suivi madame de Watteau sans le plus léger accroc. Avec tout cela, madame de Watteau s'ennuyait, je n'oserais dire pourquoi.

M. de Watteau était un gentilhomme galant et spirituel, cultivant de son mieux, mais avec insouciance et par boutades, le cœur de sa femme et le jardin de son château. Les plus belles fleurs venaient dans le jardin, car le cœur de la femme est si souvent stérile pour le mari! il faut dire que le mari cultive souvent mal. A la révolution de juillet, M. de de Watteau s'était à peu près retiré du monde, et depuis il vivait paisiblement loin des vanités jalouses, ne songeant qu'à sa femme, à ses enfans et à ses revenus ; passant ses jours à planter et à bâtir ; ne regrettant guère que ses amis les joueurs d'échecs.

Tous les ans, au beau milieu de l'hiver, M. et Madame de Watteau séjournaient à Paris; vers les premiers jours de mars ils revenaient au château ; dans la belle saison ils voyageaient un peu. Et Madame de Watteau s'ennuyait. Où va se cacher le bonheur? Mais l'ennui, qu'est-ce autre chose que le bonheur sans fin.

Le lendemain Pierre alla donc jouer aux échecs avec M. de Watteau.

— Dieu soit loué! mon cher poète, nous allons nous battre à merveille.

Et comme dès le début Pierre jouait avec distraction : — Point de licences poétiques, à demain les élégies, morbleu!

Et Pierre jouait avec plus de distraction,

car de temps en temps le sournois admirait du coin de l'œil madame de Watteau qui faisait de la tapisserie devant une fenêtre et qui écoutait en souriant les divagations satyriques de sa femme de chambre.

Quand Pierre se leva pour partir : — Eh bien! poète, encore battu, toujours battu.

— Je prendrai ma revanche, dit Pierre avec un sourire malin qui s'effaça bientôt sous une mélancolie amère.

Durant deux mois, Pierre se laissa battre ainsi, se contentant de dérober par-ci par-là un regard plein de langueur à madame de Watteau. Son culte était silencieux; nul ne s'en doutait, pas même l'idole. Dans ses jours d'expansion, il suivait les sentiers solitaires, il s'égarait au fond des bois, et quand il ne voyait plus que le ciel et les arbres, la verdure et les nuages, il confessait avec délices toutes les voluptés de son âme.

La nuit, au logis paternel, quand tout dormait dans la ferme, hormis les vieux chevaux édentés qui mâchent leur fourrage en sommeillant, il ouvrait sa petite fenêtre et s'envolait sur les songes infinis; il allait dire aux anges du ciel toutes les joies de la terre. Et peu à peu son âme descendait et s'abattait dans ce vieux château chancelant, dont il voyait, au clair de la lune, les tourelles pointues transformées en colombiers. Les poètes adolescens devineront seuls les délices qu'il a savourées dans ces heures nocturnes. Madame de Watteau, qui parfois veillait aussi, était loin de se douter que durant ses insomnies, sous le verger du château, dans la pauvre ferme du père Méquignon, un poète, ou, ce qui vaut mieux, un amant, puisait en enfant prodigue dans toutes les richesses de l'imagination.

Quelquefois Pierre essayait de lutter avec

son fatal amour. — Aimer une femme mariée, c'est jouer son cœur contre rien, disait-il. Et puis, comme il n'avait pas, suivant l'exemple de philosophes imberbes du collége, jeté aux orties la morale de la religion et la sainte pudeur des familles, il s'avouait coupable et priait Dieu de jeter de l'eau sur le feu; mais, comme tous les pécheurs, il ranimait le feu après la prière.

Malgré sa timidité, il osa un jour écrire des vers d'amoureux sur l'album de madame de Watteau. Un autre jour, se trouvant seul avec elle au jardin, il osa lui cueillir une marguerite; c'était la chaste et délicate confidence du poète : —Je vous aime — un peu — beaucoup. — Rien de plus grâcieux et de plus ingénieux à coup sûr, mais madame de Watteau ne comprit pas; elle admira la blancheur éclatante et la couronne rougissante de cette marguerite; bientôt elle la mit avec insouciance sur le bord de sa corbeille; bientôt le vent la jeta sur l'herbe. Pierre n'osa la ramasser, et madame de Watteau s'avançant sous l'accacia pour regagner l'ombre la foula du pied. Pierre soupira et se promit d'aimer plus silencieusement que jamais.

— Oui, disait-il dans ses promenades solitaires, j'aimerai en silence, je ne dirai mon amour qu'à la chaste muse de l'élégie. —J'aimerai comme le divin Pétrarque; l'amour l'a surpris dans l'église, l'amour m'a surpris dans un cimetière, c'est la même destinée. Que n'ai-je aussi une fontaine ! Pourtant, cet hiver, à Paris, je reverrai madame de Watteau, aux prochaines vacances je reviendrai avec des façons élégantes, des habits mieux coupés, et peut-être des moustaches : alors elle aura beau faire, il faudra bien qu'elle pense un peu à moi. Qu'importe d'ailleurs si je suis seul à aimer; la fleur ne s'enivre pas d'un parfum étranger; j'aimerai pour aimer. Et avec une apparente philosophie : — Jusqu'à l'instant où dans les alentours de l'école de Médecine, je me laisserai séduire par le minois agaçant et chiffonné d'une jolie grisette. Pierre rougit en prononçant ce mot qui éveillait d'autres rêves en lui. — Hélas, reprit-il, la grisette n'empêcherait rien en mon cœur. Et il se replongea dans son pur amour, comme dans une fontaine, pour se laver des infidélités futures.

Je n'irai pas plus loin dans cette analyse; vous devinez sans peine toutes les magnifiques extravagances, toutes les divines folies de cette ame de poète.

III

Une comédie sentimentale qui ne finira pas gaiement.

Le 16 septembre 1830, madame de Watteau s'ennuyait comme les autres jours. On avait allumé du feu dans le salon, et comme la cheminée fumait par tous les bouts, une des croisées était ouverte. La pauvre femme, si fatiguée de son bonheur, passait tristement les heures devant l'âtre et devant la fenêtre, regardant les flammes et regardant les nuages. Ces deux spectacles innocens éveillaient en elle les mauvais désirs ; à force de tourmenter les bûches et de suivre les métamorphoses du ciel, elle en vint jusqu'à dire ces paroles coupables : Ah ! si mon âme avait des flammes et des nuages !

Vers le soir, madame de Watteau demanda son album et se mit à le feuilleter pour se distraire. C'était un de ses élégans et pauvres albums que vous voyez partout : il y a des fermoirs en or ciselé, et au-dedans il n'y a rien, ou, ce qui est bien pis, de la musique, des dessins et des vers *romantiques*, sans parler des aphorismes sur les femmes, de M. Théophile, écolier en philosophie, et des maximes sur la jeunesse, d'un faiseur d'opéras-comiques florissant dans la république des lettres vers 1780. Du premier regard, madame de Watteau revit un paysage qui avait l'air d'une toile d'araignée. Voilà un sot paysage, dit-elle; pourtant c'est de M. Vermand. Elle tourna le feuillet; trois aphorismes s'épanouissaient orgueilleusement sur le revers du paysage :

« La philosophie se traîne comme une tortue vers l'arbre de la science; l'amour y vole à tire d'ailes. »

« L'amour des femmes austères est doux à cueillir comme la rose sauvage; — son parfum n'enivre pas, il charme; — on sourit en se déchirant les mains à ses vertes épines. »

« Celui qui sème dans le cœur d'une femme n'est pas celui qui moissonne. »

Voilà qui est de plus en plus joli, reprit la pauvre ennuyée. L'amour qui nous mène à la science sur ses ailes frémissantes ! C'est digne de Larochefoucaud ; aussi c'est de M. de Vermand. La seconde pensée est un peu fade. En l'écrivant, M. de R.... rêvait sans doute aux dames du Sacré-Cœur. La dernière est le chef-d'œuvre de mon mari. « Celui qui sème dans le cœur d'une femme » n'est pas celui qui moissonne. » Il n'est pas croyable que cela vienne de M. de Watteau. M. de Watteau a beaucoup lu...

Tout en se laissant aller à cet esprit conjugal, madame de Watteau regardait par la fenêtre le versant de la petite montagne d'Aulnoy. Elle entrevit tout à coup, à travers les cerisiers jaunissans, un jeune chasseur qui descendait vers le jardin du château. Ah ! M. de Vermand dit-elle d'une voix adorablement perlée.

M. de Vermand était un homme de trente ans, qui dépensait gaiement, avec un peu d'insolence, les revenus et les agrémens de son esprit; ses amis disent qu'il ne dépensait guère : voilà bien les amis. M. de Vermand espérait être référendaire à la cour des comptes par la grâce de M. Thiers. En attendant, n'ayant rien à faire, il prônait M. Thiers. Que de gens aujourd'hui qui n'ont pas d'autre place au soleil! M. de Vermand était bien venu des femmes, grâce à sa belle stature, à ses façons élégantes, à ses aimables galanteries; il était mal venu des hommes, de Pierre, surtout. Il n'avait jamais pris le temps d'aimer; il faisait patte de velours avec toutes les femmes; il avait, suivant l'image des vieux poètes, allumé un éclair dans tous les cœurs; le sien avait jeté quelque feu follet; enfin, il avait joué avec l'amour et l'amour avait joué avec lui.

Près de la forêt, à Mortfontaine, non loin du château où se passe notre histoire, il avait hérité d'une grand'tante d'une petite maison bourgeoise où il venait tous les automnes. M. de Watteau était un de ses amis de collége; M. de Watteau possédait plus ou moins un beau château et une belle femme : vous comprenez que le chasseur, qui aimait tous les terroirs, était plus que jamais l'ami de M. de Watteau. — Durant son séjour à Mortfontaine, il avait coutume d'aller toutes les semaines au château de son ancien condisciple, où il était accueilli à merveille par madame de Watteau, qui ne l'aimait guère, mais qui le trouvait amusant.

Il avait tenté maintes fois de dire à madame de Watteau ce qu'il disait à toutes les femmes : *Madame, vous êtes si belle que le cœur a des distractions près de vous.* Ou bien : *Hélas! madame, si vous persistez à être si attrayante, il faudra que le cœur s'en mêle.* Et mille autres phrases de cette façon par lesquelles on s'avance assez loin sans avoir trop l'air d'avancer. Mais, à son gré, l'heure n'était pas encore venue; il attendait le plus paisiblement du monde, comme s'il eût attendu l'heure du wiste ou du boston, sachant bien pourtant qu'en amour on perd tout pour attendre.

En voyant le chasseur sur la colline, madame de Watteau eut un léger émoi de plaisir. — Il vient à propos, dit-elle, il va me désennuyer pendant une heure. Elle sonna. — Aurore, où est donc M. de Watteau? — Monsieur vient de partir, avec les jardiniers qui vont arracher des épines blanches dans votre bois des Charmilles. — A merveille, pensa madame de Watteau, il me trouvera en tête à tête avec M. de Vermand; je veux qu'il devienne un peu jaloux, un mari doit être jaloux au moins une fois l'an, cela me désennuira. Elle reprit son album, et se remit à le feuilleter ; elle s'arrêta à ces vers. — C'étaient ceux de Pierre :

AUX ROSES DU VALLON.

Dès l'aurore, Zéphyr folâtre en ces prairies,
  Et s'enivre en buvant le miel
Des roses du vallon qui s'éveillent fleuries
  En regardant l'azur du ciel.

Comme vous, douces fleurs, elle s'est éveillée,
  Le cœur plein d'amour, un matin,
Et les pleurs dont sa joue était toute mouillée
  Arrosaient son cou de satin.

Adieu roses! jetez votre éclat au mystère,
  A l'ombre du bois verdoyant.
Si jamais elle passe en ce pré solitaire,
  Inclinez-vous en la voyant.

En faisant ces vers, il ne savait encore à quel vent tourner. Il aimait M. de Lamartine, mais il avait bu aux sources du dix-huitième siècle. Pour mieux dire, il se laissait aller, il regardait le ciel en écoutant son cœur. Certes, c'eût été un grand poète, si l'amour, ou plutôt si la mort l'eût laissé faire.

— En vérité, mais ils sont charmans ces vers de Pierre, dit en souriant madame de Watteau. Mon pauvre petit poète ! Il est bien à plaindre d'avoir un nom maudit par la poésie ; si j'étais sa marraine, je crois qu'il s'appellerait Chérubin.

L'album se détacha des mains de madame de Watteau ; son sourire s'attrista, son front se pencha sous la rêverie.

Bientôt elle entendit la voix de M. de Vermand ; elle releva la tête et regarda dans la glace de la cheminée si sa beauté n'avait rien perdu depuis près d'une demi-heure qu'elle ne s'était mirée.

— M. de Vermand, cria Aurore en ouvrant la porte.

Le chasseur s'avança et s'inclina en souriant; madame de Watteau se souleva avec indolence, et indiqua un fauteuil d'une main qui retomba tout de suite. Les premières minutes se passèrent dans toutes les niaiseries de la conversation. Madame de Watteau cherchait en vain à se distraire, et M. de Vermand, croyant l'heure venue, caressait plus que jamais son dessein romanesque, d'apprendre à madame de Watteau, de la façon la plus délicate, qu'elle était la femme la plus aimée de son cœur stérile. Ce jour-là, il s'abusait jusqu'à croire qu'il aimait pour tout de bon. Mais comment dévoiler son amour? Comment soulever un petit coin du voile sans effaroucher tout de suite? C'était bien épineux quoique bien simple. On pouvait s'attendrir et se laisser

surprendre, mais on pouvait se révolter.
Comment éveiller le cœur et endormir du
même coup la vertu aux aguets? — Après
tout, se disait-il, de plus en plus entraîné
par le désir de vaincre, — après tout, le
plus grand malheur qui me puisse advenir
est d'être éconduit; j'en serai quitte pour
retourner à mes bécasses; on aura l'air de
s'offenser, mais au fond on sera touchée de
mon martyre; on me plaindra et on n'en
dira rien à son mari, car madame de Watteau
n'est plus dans l'âge de la confession. De
tout cela il résulte qu'il faut faire la guerre.

Ce qui décida surtout M. de Vermand,
ce fut l'air rêveur et attristé de madame
de Watteau. Il est des instans où les
femmes ont l'air d'appeler l'amour, où les
femmes ont l'ame dans les yeux et le cœur
sur les lèvres, comme ces roses qui le matin,

au lever du soleil, s'agitent pour atteindre un rayon.

— Vous avez l'air bien sombre et bien terrible, dit tout à coup madame de Watteau en renversant la tête sur le dossier de son fauteuil.

— Voilà le commencement de l'escarmouche, pensa l'amoureux. Pour ne pas trop s'aventurer de prime abord, il répondit par cette métaphore assez vague : — J'ai dans le cœur un buisson ardent, murmura-t-il avec un soupir.

En voyant la mine élégiaque du chasseur, madame de Watteau pensa qu'il fallait jeter de l'eau sur le feu : — A propos, dit-elle avec un air d'insouciance moqueuse, vous ne savez pas que M. de Watteau a tué ce matin un lièvre dans un champ de choux.

— L'à-propos est très drôle, madame, mais il ne m'empêchera pas de vous dire...

M. de Vermand se reprit avec un malin sourire et comme entre parenthèse : — Je puis vous dire cela, à vous ! — Hélas! je croyais traîner une chaîne d'or, n'est-ce donc qu'une chaîne de fer ?

— Après tout, qu'importe, M. de Vermand, puisque l'amour est aveugle ? N'en parlons plus, s'il vous plaît. D'ailleurs, cela vous va très mal. Les hommes ne devraient jamais s'aviser de parler d'amour. Parler d'amour avec des lèvres profanes, je vous le demande, n'est-ce pas une ironie? Du reste, recevez mes louanges, pour vous, vous jouez la comédie à merveille.

La nuit était presque venue, madame de Watteau, qui commençait à s'inquiéter, tisonnait les bûches pour faire jaillir des éclairs.

— Ah! reprit l'amoureux en souriant un peu, pourquoi ne pas croire quand c'est le cœur qui parle ? Si vous preniez la peine de tisonner mon cœur, madame...

Et en disant ces mots, M. de Vermand voulut saisir la main, — ou l'écran ; — ou l'album de madame de Watteau.

— Aurore, allumez les bougies, cria-t-elle étourdiment d'une voix tremblante.

Elle s'apaisa tout aussitôt (les femmes ont toujours l'esprit présent, même quand le cœur n'y est plus, pour se tirer d'un mauvais pas); madame de Watteau se retourna vers le chasseur : — Je vais vous montrer une aquarelle que j'ai achevée hier... La nuit vient bien vite maintenant, n'est-ce pas ? Il est à peine sept heures et déjà....

Dans son dépit, M. de Vermand saisit comme par distraction la main de madame de Watteau.

Après un silence d'une seconde, la jeune

femme toute troublée murmura d'un air railleur : — Dites-moi, monsieur, touchez-vous au dénoûment de votre comédie?

Elle leva la main pour sonner; mais le chasseur, se voyant trop loin pour rebrousser, arrêta cette blanche main par un baiser.

— Pardonnez-moi, madame, car c'était dans mon rôle.

M. de Vermand se jeta aux pieds de madame de Watteau. A la pâle clarté de l'âtre, elle le vit si amoureux et si suppliant qu'elle ne put se défendre d'un peu de pitié. Comment se courroucer long-temps contre celui que vos beaux yeux ont jeté à vos pieds, surtout quand on s'ennuie! Si vous ne pouvez aimer, comment ne pas plaindre la victime de vos attraits? Madame de Watteau détournait la tête et s'agitait comme sur un brasier; elle cherchait des paroles sévères, mais le moyen de les dire avec une bouche si tendre; cependant il fallait en finir. M. de Vermand avait ressaisi la main; son amour devenait presque menaçant dans ce grand salon désert à peine éclairé par un feu qui pouvait s'éteindre par caprice. Se fâcher c'était peu charitable, ne pas se fâcher c'était dangereux ; et il n'y avait point de milieu : madame de Watteau aurait bien voulu que cela se finît tout seul.

IV

Le danger d'arriver trop tôt.

Tout à coup un bruit de pas retentit à la porte du salon ; c'était M. de Watteau qui survenait fort à propos.

— Oh ! mon Dieu ! mon mari ! s'écria madame de Watteau tout éperdue.

— Je vais me cacher, dit M. de Vermand.

Le traître voulait, par ces paroles, prouver à madame de Watteau, que les choses étaient plus avancées qu'elle ne se l'imaginait.

—Vous êtes fou, dit la pauvre femme effrayée par cette audace, et un peu aussi par le battement de la porte du salon.

M. de Vermand se glissa vers le rideau de la fenêtre voisine de l'âtre. Les anneaux résonnèrent sur les flèches, mais ce bruit léger fut couvert par la voix sonore de M. de Watteau :

—Jenny, es-tu là ?

—C'est toi ?... Attends, attends, dit madame de Watteau d'une voix entrecoupée.

Elle s'avança de deux pas à la rencontre de son mari en imaginant un petit mensonge véniel. Elle allait peut-être tout sauver en demandant à M. de Watteau s'il n'avait pas vu M. de Vermand ; mais la femme de chambre, sans doute envoyée par le diable, apparut alors à la porte du salon avec une bougie. Madame de Watteau perdit la tête et se jeta avec effroi dans les bras de son mari. En ce moment un souffle venu de la fenêtre éteignit la malheureuse lumière. Il n'était pas encore trop tard ; mais la pauvre femme ne savait plus que dire.

— Qu'y a-t-il donc? lui demanda M. de Watteau, qui pressentait un malheur.

— Rien, rien, répondit-elle en essayant de rire; il n'y a rien; j'étais là toute seule devant la cheminée; je pensais... je pensais à quelque chose que je vous dirai plus tard, monsieur. Tout à coup il m'a semblé voir passer une ombre; j'en frissonne encore; allons-nous-en par là...

— Comment, madame, vous avez l'air de

rire! cette ombre est peut-être un voleur?

— Aurore, de la lumière tout de suite. Mais dépêchez-vous donc!

Et cette idée s'enracinant dans l'esprit de M. de Watteau, il tressaillit et recula contre la porte du salon.

— Un voleur! je lui conseille de dire ses patenôtres, reprit-il d'une voix de tonnerre. — Pourquoi rester ainsi sans lumière? — Les femmes n'ont pas le sens commun. — Aurore!

— Oui, monsieur, me voilà, dit Aurore, qui cherchait vainement les allumettes.

M. de Vermand jugea à propos d'éclater de rire et de venir à M. de Watteau.

— De Vermand! s'écria celui-ci; quelle comédie est-ce là? Un voleur! Ah! oui, je comprends...

Une pensée jalouse lui déchira le cœur. Il voulut faire semblant de ne pas reconnaître son ami, afin de pouvoir naturellement le mettre à la porte ou le jeter un peu par la fenêtre; mais madame de Watteau, qui ne pouvait sans danger passer pour le complice du voleur, ayant dit avec une candeur admirable : « Quoi! M. de Vermand! » Il abandonna son dessein. — Cependant, murmurait sa jalousie, ne soit pas dupe de tout cela, jette-moi ce voleur par la fenêtre. — Non, non, répondait sa raison, il se casserait le cou, et Jenny le plaindrait. Enfin M. de Watteau se résigna à la raison.

— Tu deviens donc fou, mon cher, dit-il au chasseur avec dépit; je ne suis pas du tout charmé de tes amusemens ; voilà toute la maison à l'envers, voilà tout le monde en émoi.

Et continuant avec ironie : —Cette pauvre Jenny est à demi-morte de peur.

Et s'approchant d'elle avec une feinte

sollicitude : — Ce n'est pas un voleur, rassure-toi.

— Je suis toute tremblante, dit-elle en s'agitant sur le fauteuil; m'effrayer ainsi! M. de Vermand n'a pas le sens commun.

— Voyez comme elle est pâle; elle en sera malade, reprit M. de Watteau, — malade de cœur, ajouta-t-il tout bas avec colère.

— Madame, dit M. de Vermand d'une voix émue, j'implore ma grâce à vos pieds.

— Vous êtes, monsieur, un très-grand comédien.

— Et ma femme, hélas! pensa M. de Watteau.

— Mais, reprit Jenny, vous jouez un fort vilain rôle.

— Je suis peut-être allé trop loin, mais je m'amusais tant de votre trouble!

Et en disant cela, le chasseur caressait d'un regard passionné l'adorable figure de la jeune femme. M. de Watteau ne pouvant arrêter une nouvelle secousse de jalousie, s'empressa de sortir du salon; il courut à la cuisine, fit semblant d'allumer un cigare et descendit dans la cour en rêvant à son honneur en danger.—Est-ce un horrible songe? O Jenny! Jenny! j'avais bâti tant de châteaux sur ton amour! Hélas! comme dit le proverbe, bâtir sur le cœur d'une femme, c'est tout simplement bâtir sur le sable. O Jenny, je vous croyais si loin du mensonge, et voilà que vous jouez la comédie, car j'ai bien deviné... Mon Dieu! si elle aimait ce grand tourtereau ridicule qui roucoule la même note à toutes les femmes. Pourquoi diable ai-je admis cet oiseau dans mon oasis.

— O Jenny! tout est-il donc déjà perdu?
— Tout! du moins, hormis l'honneur... —

l'honneur! La belle part qui me restera!
Ah! monsieur le voleur! tu viens ici pour
m'enlever le plus cher de mes biens...

V

Pierre revient sur la scène.

M. de Watteau souffrait le martyr; la jalousie, la douleur, l'amour, la colère s'agitaient dans son cœur comme des charbons ardens. Il se démenait tout comme un traître de mélodrame, il se croyait seul, et il s'abandonnait sans crainte à tout l'éclat du monologue. Mais, les murs ont des oreilles, dit le proverbe. Or, Pierre, que l'amour amenait au château *pour jouer aux échecs*, suivant la coutume, entendit, sans le vouloir, presque toute la litanie de M. de Watteau. — C'est mal, d'écouter aux portes; mais comment ne pas écouter quand c'est le cœur qui s'en mêle. — Et puis, comment sonner à un pareil moment? On se laisse aller nonchalamment au cours naturel des choses : Pierre avait fait ainsi. Enfin, au premier silence du pauvre jaloux, il agita timidement la sonnette. Du reste, en écoutant à la porte, le poète n'avait pas appris grand chose de nouveau; il savait depuis long-temps que M. de Vermand papillonnait devant les beaux yeux de madame de Watteau; et s'il avait pu le lapider à coups d'élégies et d'épigrammes, M. de Watteau n'eût jamais été jaloux. Pierre haïssait autant M. de Vermand, qu'il aimait madame de Watteau; d'abord, parce que M. de Vermand lui prenait souvent sa place au soleil, ensuite parce que le chasseur poursuivait avec son esprit le naïf poète, sans lui faire grand mal, il est vrai. Ainsi, à chaque rencontre : Eh! bonjour, *monsieur Pierre Méquignon*; comment se porte votre dernier vers? marche-t-il sur ses douze pieds? — Ou bien : — Ah! vous voilà, cher nourrisson des muses; il faut que jeunesse se passe; les petits garçons font des vers, les petites filles font des poupées. Le poète répondait à toutes ces estocades par un silence dédaigneux.

Aussitôt que Pierre eût sonné, M. de Watteau alla ouvrir la porte. Eh bien! poète, dit-il en voyant Pierre, que sais-tu de nouveau?

Le poète, à propos de nouveau, pour

prouver à M. de Watteau qu'il n'avait rien entendu, se mit à parler d'un volume de Saint-Amand qu'il venait de découvrir dans un grenier de la ferme, au grand chagrin des rats; après quoi il fit l'éloge de Corneille et de Jean-Jacques, de Lamartine et de Béranger; après quoi il arriva tout droit à *lui*. — *Moi*, dit-il, je viens de finir mon second livre d'élégies. Et il raconta ses joies et ses angoisses. Tout cela dura bien un quart d'heure. M. de Watteau, qui se promenait avec lui sans l'écouter, poursuivait une idée bizarre s'il en fût : il imaginait d'envoyer à sa femme un second amant, c'est-à-dire M. Pierre Méquignon, le poète élégiaque, et à ce sujet voici ses réflexions : — Pierre combattra de Vermand par la poésie; tout rustre qu'il soit, Pierre a plus d'esprit que l'autre. En écoutant les jolies chansons du paysan, Jenny rougira des roucoulemens monotones du Parisien ; le poète lui fera voir que l'autre n'est qu'un sot. Et moi, pendant le combat, je ressaisirai Jenny, comme dans la fable de La Fontaine : *les deux Voleurs et l'Ane.*

Ce dessein de M. de Watteau était bien un peu extravagant, il y avait du roman et presque du vaudeville ; cependant il y revint avec ardeur après avoir passé en revue bien des moyens d'arracher du cœur de sa femme le petit grain d'adultère qui germait déjà. Jusqu'ici, pensait-il, le mal est dans l'ame; si je fais voyager Jenny, l'ame restera.—Si je tue de Vermand, j'abattrai du même coup dans cette ame égarée la dernière branche qui reste à mon amour ; ah ! si je pouvais le perdre par le ridicule ! ce ne serait pas bien difficile ; mais le ridicule est une arme assez innocente entre les mains d'un mari. Décidément il faut que je donne cette arme à

Pierre, il s'en servira tant bien que mal; qu'il délivre seulement la terre sainte du profane, et je ferai le reste; c'est-à-dire je replacerai le vrai dieu sur l'autel.

M. de Watteau s'était arrêté sous un des ormes centenaires; Pierre en effeuillait les branches retombantes.

— Poëte! dit tout d'un coup M. de Watteau sans préface ni sommaire, veux-tu faire semblant d'être amoureux de ma femme?

Pierre pâlit et chancela.—Vous vous moquez de moi, c'est mal à propos.

— Ecoute, Pierre, je ne ris pas du tout. Voici ce qui m'arrive en ce moment. Je puis te conter cela à toi : un poëte de vingt ans est digne de toute la confiance du monde. J'ai bien été un peu poëte dans mon temps; voilà pourquoi je le sais par cœur. Donc, à l'heure qu'il est, il y a auprès de Jenny un fat, M. de Vermand, qui cherche à semer le désordre en son cœur. Tout mari que je suis, j'ai vu cela tout de suite. Toi, mon cher poëte, tu peux me délivrer à jamais de cette brute sentimentale qui ne se contente pas de venir tuer les lièvres de notre terroir, et qui, depuis deux mois, te poursuit avec son esprit sans t'atteindre, il faut bien le dire. Rien de plus aisé : tantôt tu joueras la passion la plus échevelée ; tantôt tu feras semblant de réciter une fable ; tu diras à Jenny du bout des lèvres les grands mots gonflés de vent dont tu auras l'air de rire un peu. Elle n'aura pas de peine à saisir le ridicule de toutes ces amours profanes où le cœur n'est pour rien.

— C'est un rôle odieux dont je ne veux pas, dit Pierre d'une voix étouffée ; et d'ailleurs madame de Watteau me chasserait sans m'entendre.

— Sois tranquille là dessus, les femmes

ne se bouchent jamais les oreilles quand on leur parle d'amour. — Ton rôle est odieux, dis-tu, mais mon cher, ton rôle est adorable; c'est le beau rôle de la comédie.

— De la comédie! murmura Pierre. Il devrai dire du drame.

— Et bien! reprit M. Watteau, je t'en prie de toute mon amitié, tu peux empêcher bien des malheurs. — Voyons, Pierre, c'est tout simple : si tu ne sais pas dire les belles phrases en prose tu les diras en vers.

— Et si pour me punir d'un mensonge, dit Pierre tout défaillant, le diable qui se mêle de tout me rendait amoureux de madame de Watteau.

— En effet pensa M. de Watteau, si j'allais improviser une passion!

Et comme cette pensée l'embarrassait un peu, il s'en délivra par un : — C'est impossible, phrase commode dont on se sert si souvent mal à propos. — C'est impossible, reprit-il, car les poètes adolescens ne rêvent qu'aux chastes nymphes des bocages, ils ont trop de candeur pour penser aux femmes d'autrui, le mot adultère les effraie et les repousse : il n'y a pas de danger de ce côté là. — Quant à Jenny, elle aime trop l'éclat et la grâce pour s'enmouracher d'un rustre.

Cependant, il ne voulut pas offenser la vanité de Pierre; il eut l'air d'avoir peur de lui. — Ecoute, Pierre, souviens-toi qu'il faut faire semblant, d'ailleurs ton rôle ne sera pas long.

Non, non, jamais, reprit-il tout à coup, j'ai fait un rêve d'enfant; il faut que j'aie perdu la tête pour imaginer une pareille comédie. C'est un mauvais jeu que je voulais jouer là; je suis d'ailleurs trop ombrageux, et la jalousie m'est venue mal à propos; pourtant...

VI

Tout le monde souffle sur le feu.

A cet instant M. de Vermand descendit le perron et s'en vint sous le viel orme.

— Eh bien, messieurs, est-ce que vous jouez là aux échecs ? En vérité, la lune est assez belle pour vous éclairer ; d'ailleurs un pur esprit comme M. Pierre Méquignon doit voir clair partout. Mais vous laissez madame de Watteau s'ennuyer avec moi.

— C'est son devoir, murmura M. de Watteau.

— Viens donc là-haut, reprit le chasseur qui n'avait pas entendu. Tu sais que je soupe ici, mon cher? On a mis à la broche un de tes lièvres avec une guirlande de cailles que j'ai tressée ce soir à coups de fusil sur ta montagne. Pour ton lièvre, il sent encore le chou dont il fut nourri. A propos, j'oubliais mes pauvres chiens.

M. de Vermand alla vers l'étable où ses chiens se lamentaient.

M. de Watteau ranimé à la colère, voulant se trouver en plein air avec le chasseur, pria Pierre de monter au salon.

Pierre, qui aimait en ce moment avec plus de violence que jamais, comme si la jalousie eût agité le feu, se détacha en silence du tronc de l'arbre, prit son cœur dans sa main comme pour l'empêcher d'éclater, et s'en alla clopin clopant vers madame de Watteau. Près d'entrer dans le salon, il chancela et ne respira qu'avec une peine horrible. On eût dit qu'il pressentait quelque catastrophe. Il aurait voulu s'abîmer sous les dalles. Enfin il poussa la porte et s'avança lentement. Il faillit de tomber agenouillé comme un bon catholique devant la vierge, aux pieds de madame de Watteau, qui agitait les charbons de l'âtre avec mélancolie.

— Mon Dieu, dit-elle avec surprise en se tournant vers la porte, qu'avez-vous donc? vous êtes pâle comme la mort.

Pierre regarda madame de Watteau avec adoration et aussi avec reproche, mais comme elle ne se doutait pas le moins du monde de l'amour du poète, elle sembla ne pas comprendre. — Eh bien! Pierre, est-ce une idylle ou une élégie? Quelle mine funèbre! Vous allez souper ici, n'est-ce pas? C'est bien entendu, je veux que vous restiez, Pierre.

Madame de Watteau avait sa raison pour le vouloir. Devant Pierre on ne pouvait reparler de l'aventure du soir; grâce à Pierre, elle ne serait pas seule en face de M. de Watteau ou de M. de Vermand. Et d'ailleurs elle avait coutume de retenir Pierre quand par hasard on soupait au château. Le pauvre poëte ne savait rien refuser à madame de Watteau. — Madame, dit-il tout défaillant, vous le voulez, Dieu le veut et moi aussi.— J'imagine, dit-elle, que le bon Dieu ne se soucie guère de cela; il serait bien à plaindre s'il avait ainsi à faire tous les vouloirs de femmes.

Madame de Watteau, inquiète de ne voir rentrer ni M. de Watteau, ni M. de Vermand, passa dans sa chambre qui avait vue sur la cour. Pierre respira et s'avoua qu'il lui était plus doux d'aimer de loin. En face l'un de l'autre, les amans n'ont pas le temps ou plutôt le loisir de s'aimer.

M. de Watteau survint presque au même instant. Le chasseur avait, en jouant avec ses chiens, échappé à la colère du jaloux. Comment quereller un homme qui joue avec des chiens? M. de Watteau se promena dans le salon avec une agitation douloureuse. En passant devant la cheminée, il prit comme par mégarde l'album de sa femme; il le feuilleta d'un air distrait; mais tout à coup, reconnaissant l'écriture de M. de Vermand, il arracha deux pages pour apaiser sa jalousie. C'était le premier acte de colère qu'il eût à propos de sa femme; il en rougit bientôt en regardant à ses pieds les pages chiffonnées; mais ce fut bien pis lorsqu'au même instant il vit venir madame de Watteau.

— On va servir le souper, messieurs.....
Mon album déchiré !

Madame de Watteau regarde son mari
avec indignation. — De quoi cet album était-
il coupable, s'il vous plaît, monsieur?

Elle accabla M. de Watteau d'un sourire
amèrement ironique. Pierre, qui avait suivi
les mouvemens et les idées du pauvre jaloux, voulut le secourir en ce mauvais pas,
il s'avança bravement vers madame de Watteau et lui parla ainsi, sans trop bégayer :
Madame, cet album était coupable de donner
asile à de mauvais vers de M. de Vermand;
par amour pour les beaux vers, j'ai d'une
main aveugle délivré votre album des mauvais. Je suis sûr que M. de Watteau en a
été plus courroucé que vous ne l'êtes en ce
moment. Je ne sais si M. de Vermand aimera ma critique?—Eh! que diable! on ne

fait pas rimer plume avec lune! Et puis il faut être horriblement maître d'école pour nous rabâcher que la vie est une rose! Qu'en dites-vous, madame?

— A merveille! monsieur, à merveille! on dirait messire Boileau déchiquetant l'abbé Cottin. Mais il me semble que les critiques les plus acharnés ne doivent mordre qu'aux choses imprimées. Je croyais de bonne foi mon album à l'abri de leurs vilaines dents.

— Madame, j'en suis fâché pour votre album, mais où diable les mauvais vers vont-ils se nicher!

— A merveille! dit à son tour M. de Watteau. Et se parlant à lui-même : Ce brave Pierre épouse bien ma colère; à le voir si plein de verve et de moquerie ne dirait-on pas le véritable jaloux!

Aurore vint avertir que le souper était servi. On passa silencieusement dans la salle, où M. de Vermand s'amusait à tourmenter un chat. A peine à table, le chasseur, suivant sa coutume, essaya d'avoir de l'esprit aux dépens du poète : — *Monsieur Pierre Méquignon*, pourquoi ne chassez-vous pas? Vous aimez mieux faire des tragédies en cinq actes et en vers sur Numa Pompilius. Heureux passe-temps! L'enlèvement des Sabines a dû vous inspirer bien des hémistiches?

Pierre ne répondit pas ; il regarda le chasseur avec un dédain de poète. M. de Vermand ne se dépita si tôt; il poursuivit avec non moins d'esprit :

— J'ai connu à Paris un petit rimeur mal peigné qui m'a fait prendre en pitié tous les poètes, et qui m'a dégoûté de la poésie. Si vous allez à Paris, monsieur Méquignon, gardez-vous bien de vous traîner à la queue des mal peignés. C'est bon pour la foule et pour les hommes de génie. J'espère que vous n'êtes ni l'un ni l'autre.

M. de Vermand appuya avec moquerie sur ce dernier mot.

Pierre agitait sa fourchette comme un spadassin qui tient une épée; ses lèvres frémissaient; son regard était terrible.

Madame de Watteau prit la parole.

Mais M. Pierre est un grand génie; la meilleur preuve de cela, c'est que tout à l'heure il a arraché de mon album, par un noble amour de l'art...

— De très mauvais vers, s'écria M. de Watteau; je puis le dire, car je juge sans passion.

— D'aventure, dit M. de Vermand avec beaucoup de laisser-aller, n'étaient-ce pas ceux de M. Méquignon?

— Non, monsieur, dit le poète en levant la tête avec une noble fierté, c'étaient les vôtres.

M. de Vermand devint tout rouge de colère.

—Allons, allons, mon cher de Vermand, dit M. de Watteau, ne va pas t'emporter comme une soupe au lait. Tu fais rimer plume avec lune; c'est se moquer d'Apollon. Si Pierre à la chasse s'avisait de tuer une perdrix en ajustant une alouette, tu ne l'épargnerais pas de tes sarcasmes.

— C'est un enfant, dit madame de Watteau, pour apaiser le chasseur. Et pour mettre tout le monde d'accord : — Oui, Pierre, vous êtes un grand enfant. Voyons, je vous pardonne, reprit-elle avec un peu de ces charmans sourires que Dieu a donnés aux femmes pour désarmer les hommes,— et dont les femmes ont abusé.

Pierre se jura à lui-même, pour prix de ce sourire, de ne plus dire un mot qui pût troubler le souper.

— Oui, c'est un enfant, dit M. de Vermand à madame de Watteau, si son maître d'école était là, je le ferais mettre en présence.

Pierre fit semblant de ne pas entendre; il se tourna vers M. de Watteau et lui parla de ses rosiers. Madame de Watteau respira un peu et se mit à vanter à tort et à travers les tulipes et les jacinthes de son mari. Si bien que la fin du souper se passa le plus bucoliquement et le plus innocemment du monde, jusqu'à M. de Vermand qui trouva moyen de prouver son ignorance en botanique : il affirma bravement avoir admiré le matin des pervenches en cueillant des mûres au bord d'un bois. Pierre le rappela à l'ordre des saisons, et Pierre en fut puni, car M. de Vermand, qui tenait alors une bouteille de vin de Champagne, lui lança le bouchon dans les cheveux. Le pauvre poëte maîtrisa sa rage, et tendit son verre avec insouciance, mais avec un certain air insolent.

M. de Watteau fut presque effrayé de la sauvage colère qui éclatait dans les yeux de Pierre.

— Mon cher poète, lui dit-il à l'oreille, ton cheval est trop fougueux, tu vas te casser le cou.

— L'image est bien trouvée, dit Pierre en souriant avec un peu d'amertume.

Le chasseur se leva pour partir; comme il endossait sa gibecière, M. de Watteau s'aperçut que Pierre n'était plus dans la salle.

— Est-ce qu'il s'est envolé par la fenêtre? Jenny, l'as-tu vu sortir?

— Mon Dieu non, répondit madame de Watteau toute surprise.

— Comme elle était fort mal à son aise, entre M. de Watteau et M. de Vermand, elle passa dans sa chambre en se plaignant de la migraine. Les deux amis descendirent dans la cour; le chasseur pressa la main du jaloux plus vivement que jamais, en lui conseillant de se garder des extravagences du petit poète. Il se mit en route le plus gaiement du monde. Mais où diable est allé Pierre? se demanda M. de Watteau en refermant la porte.

Madame de Watteau avait ouvert la fenêtre de sa chambre; elle regardait passer les nuages et soupirait sans savoir pourquoi.

VII

Où Pierre était allé.

Le chasseur gravit le revers de la montagne en repassant dans son imagination la petite comédie sentimentale du château ; en arrivant au chemin de Parmailles, il s'appuya sur son fusil et siffla ses chiens.

— La belle nuit! dit-il avec un soupir.

Et il se remit en route; mais à peine eut-il traversé le chemin qu'il s'arrêta soudainement à la voix de Pierre : — N'allez donc pas si loin, lui criait le poète. Il attendit en silence. Quand Pierre arriva au chemin :

— Vous avez oublié de me tirer les oreilles dit-il en sifflant des lèvres comme une couleuvre; moi je n'ai pas eu le temps de vous insulter : il faut en finir.

— Mon petit monsieur Méquignon, allez donc jouer avec vos pareils, s'il vous plaît. Vous faites aujourd'hui l'école buissonnière, méfiez-vous du garde champêtre.

— Voyons, voyons, dit Pierre qui n'écoutait pas, je ne suis pas venu sur la montagne pour faire de l'esprit à votre façon; finissons-en.

Et il offrit un pistolet au chasseur qui tressaillit de surprise.

— Pourquoi faire? demanda M. de Vermand d'un air de moqueuse insouciance.

— Pour vous tuer, répondit Pierre.

— A quoi bon, reprit le chasseur en riant, nous tuer? voilà une idée plaisante, ma foi! — une idée de poète. — Est-ce que vous avez fait votre épitaphe? *Ci gît sous cette pierre, le grand poète Pierre...*

— Est-ce à bout portant? dit Pierre avec impatience.

— Il paraît que vous y tenez, dit le chasseur. Je voudrais bien savoir d'où vous vient cette rage d'aller dans l'autre monde?

— C'est que vous me gâtez le soleil dans celui-ci. Voilà trois mois que vous m'offusquez; voilà trois mois que vous m'offensez lâchement pour avoir de l'esprit; si vous en aviez eu un peu à propos de moi, je vous pardonnerais; mais comme vous n'en avez ni plus ni moins, je vous condamne. Armons nos pistolets et finissons-en.

— Voilà toutes vos raisons? reprit M. de Vermand.

— Il y en a peut-être d'autres encore, mais je n'en dirai rien. Avec vos pareils d'ailleurs, on ne prend pas la peine de conter ses griefs. Sachez seulement que vous m'avez blessé au cœur, et je veux une vengeance. Vous riez! les lâches rient toujours quand on parle du cœur.

— Vous êtes un rustre, dit M. de Vermand. Et il leva la main sur Pierre. Mais Pierre détourna la tête à propos, et s'abandonnant à toute sa colère, il ramassa du gravier dans le chemin et en jeta une poignée à la face de Vermand. — Maintenant, dit-il avec agitation, êtes-vous prêt? M. de Vermand n'était plus maître de lui ; aveuglé par la vengeance, il voyait en l'écolier de vingt ans un ennemi de sa taille qui l'avait outragé. — Dépêchons cela, dit-il en examinant son pistolet; ce sont des armes de goujat, il est fâcheux de se tuer avec de pareilles férailles.

— Il faut bien en passer par là, dit Pierre. Soyez tranquille, du reste, ce ne sera pas la faute des pistolets si nous ne nous tuons pas.

Pierre donna des balles, le chasseur donna de la poudre.

— Je suis bien fâché, reprit le poète, de ne pas avoir ramassé vos mauvais vers dans le salon du château, ils nous serviraient si bien de bourre!

M. de Vermand, qui s'était un peu calmé, redevint furieux tout d'un coup, au moment où il entrevoyait les suites terribles de ce duel.

Le sort ayant décidé que Pierre se vengerait le premier, Pierre s'éloigna de quinze pas à peu près de son adversaire, et le mit en joue. — Enfin, dit-il avec une joie effrayante. Trois grands nuages passèrent dans sa pensée : Dieu, sa mère, madame de Wateau; il chancela dans sa colère, il eut un défaillement, son épaule frissonna. — S'il fallait mourir! murmura-t-il avec épouvante. Et la mort que tant de fois il avait vue dans ses rêves poétiques, il la revit agitant sa faulx. Il fut tenté de jeter son pistolet et de s'enfuir; mais à la vue de M. de Vermand, il se ranima à la vengeance. Tout éperdu, il lâcha la détente et il se recommanda au ciel. M. de Vermand fut atteint à l'épaule, la balle faillit le renverser, le sang coula à flots sur sa poitrine. Son dessein (il l'a dit et il faut bien le croire), était d'épargner Pierre, mais la douleur et la vengeance l'égarèrent jusqu'au délire, le coup partit malgré lui, et Pierre fut atteint au cœur.

— O mon Dieu, s'écria-t-il en le voyant tomber, j'ai tué un enfant.

Il avait oublié sa blessure, il courut à Pierre; le pauvre poète se débattait sur l'herbe, qu'il arrosait de son sang, il voulait parler, mais sa voix n'était qu'un sanglot lugubre, la pâle lune qui s'échappait d'une nuée vint éclairer son agonie. M. de Vermand s'agenouilla, lui souleva la tête, et tenta de le secourir.

— C'est fini, dit Pierre en respirant, mon rôle est joué.

— La gloire, reprit-il bientôt avec un soupir, mais l'amour...

Il dit encore quelques mots sans suite. M. de Vermand crut comprendre qu'il parlait de sa mère, de sa jeune sœur, de ses poésies et peut-être d'une femme aimée.

Et tout d'un coup après un sourd gémissement, le pauvre poète rendit le dernier souffle, ce soupir du cœur qui porte l'ame au ciel.

Après l'avoir gardé pendant près d'une heure, M. de Vermand redescendit la montagne et retourna au château. Il fit éveiller M. de Watteau et lui raconta avec une douleur profonde l'horrible combat de la montagne. M. de Watteau ne devina point le sentiment qui avait perdu Pierre. Il alla lui-même avec deux domestiques chercher le cadavre délaissé, et au retour il descendit à la ferme pour avertir la famille du mort. A la ferme et dans tout le village ce fut une douleur sans pareille, tout le monde aimait Pierre ; vingt bras se levèrent pour frapper M. de Vermand qui, malgré sa blessure, s'éloigna en toute hâte du pays, au grand plaisir de M. de Watteau, qui fit semblant de le regretter.

A l'enterrement du pauvre poète, nul ne

prononça de discours à sa louange, mais tout le monde versa des larmes d'amour et de pitié. — A Lavergny on n'est pas jaloux d'un poète.—Un des petits journaux du département lui consacra en guise d'oraison funèbre, vingt lignes où il y avait à peine trois solécismes et quatre fautes d'orthographe; et tout fut dit.

J'oubliais madame de Watteau qui, en apprenant sa mort, murmura d'un air rêveur : — Pauvre enfant, *l'orgueil l'a tué*, il faisait de jolis vers!

VIII

Tout n'est pas fini.

Cette année là, M. et madame de Watteau partirent de Lavergny plus tôt que de coutume; ils y revinrent aux premiers jours d'avril. Cette fois, ce fut avec un sombre plaisir que madame de Watteau franchit le seuil solitaire du château. L'ennui l'avait poursuivie jusqu'au milieu des plus belles fêtes du monde et des plus folles mascarades de l'hiver. A Paris, l'ennui est un spectre horrible qui nous jette sans cesse sur les épaules son linceul de plomb. Tantôt c'est un importun qui nous prodigue des visites sans fin; tantôt c'est un lutin invisible qui nous mène presque malgré nous à un théâtre désert où se joue de lamentables mélodrames; hier, parce qu'il pleuvait, il nous a donné l'envie d'enfourcher un beau cheval et d'aller au bois; aujourd'hui, parce qu'il fait le plus beau temps du monde, il nous enchaîne au logis entre une vieille parente qui radote et un parasite qui parle sans rien dire, tout simplement pour être plus affamé. A la campagne, l'ennui a moins de métamorphoses à son service; il va bien vous trouver un peu sous la robe empesée de la femme du notaire, et encore il y a de ces femmes-là qui sont très agréables, et qui savent parler d'autres choses que de leurs actes privés. A la campagne, on a contre l'ennui le soleil, le ciel, les orages, les merveilles de la nature; l'ennui n'ose pas souvent lutter contre tous ces grands spectacles, la solitude elle-même préserve du moins des atteintes de ce démon.

Mais si madame de Watteau voyait sa solitude avec un charme mélancolique, ce n'était pas seulement comme un refuge contre l'ennui, c'était surtout par une souvenance confuse d'un rêve commencé dont ses regards distraits cherchaient depuis long-temps la fin dans le bleu des nues. Quel était ce rêve? Elle-même l'ignorait. Elle s'était réveillée un matin avec un rayon dans l'ame, un sourire sur la bouche, une larme dans les yeux ; elle avait rejeté sa chevelure éparse; elle avait chassé les vapeurs du sommeil, elle avait tourné son front vers la lumière, tout cela en vain; elle n'avait pu revoir l'image du rêve, elle était redescendue sur la terre sans se rappeler le ciel, et pourtant elle se souvenait d'avoir monté là-haut.

Un soir que les brises de mai lui versaient les parfums amoureux du printemps, elle revêtit son amazone et demanda son cheval. A peine à la porte de la cour, elle fit siffler sa cravache et lança son cheval avec un plaisir presque farouche; mais à la vue du cimetière, elle le flatta de la main, l'apaisa de la voix, et parvint à l'arrêter dans son élan. Et à demi penchée contre la haie touffue, elle promena ses regards attristés sur les fosses verdoyantes du cimetière et s'abandonna à la rêverie. Devant elle, à quelques pas de la haie, sous une branche de pommier, ses yeux s'arrêtèrent bientôt sur une tombe en pierre chamarrée de couronnes, parsemée de larmes et sillonnée d'épitaphes. La tombe de Pierre! dit-elle en pâlissant, et elle le plaignit de ne point avoir tout simplement, comme ses voisins, d'humbles fosses vertes et fleuries. Hélas! faut-il le plaindre? murmura-t-elle; il a passé si vite en ce mauvais monde où l'on s'ennuie! Il est mort dans tout l'éclat de la jeunesse et de la poésie; il s'est envolé là-haut sur les ailes frémissantes des plus douces chimères. En vérité, il ne faut pas le plaindre, il n'a eu que le temps de rêver le bonheur, qui n'est qu'un rêve...

Et tout en disant cela, madame de Watteau relisait l'épitaphe de Pierre :

> Console-toi, ma pauvre mère,
> La mort est le chemin du ciel.

— Il a bien aimé sa mère, bienheureux

amour ! — Eh ! que sais-je, Pierre a peut-être eu d'autres amours...

En ce moment un clair éclat de rire retentit dans le sentier. Madame de Watteau détourna la tête et entrevit dans le verger d'un paysan un jeune gras tout réjoui qui lutinait le moins galamment du monde une jolie fille de vingt ans. L'amoureux fauchait du sainfoin, la belle était venue pour le ramasser; mais elle avait bien le temps, ma foi : il lui fallait sans cesse déjouer les desseins du traître qui était déjà parvenu à dérober un baiser. Ce spectacle charma madame de Watteau, la jolie fille se débattant contre l'agresseur dans la belle verdure du sainfoin, les parfums amers des épines et des sureaux, le coucher du soleil dans un lit de pourpre, le frémissement des feuilles, le chant des oiseaux, toutes ces teintes ardentes, tous ces bruits languissans; ce tableau si joli et si animé, cette scène toute souriante ou s'épanouissait la jeunesse, tout cela égara l'esprit de madame Watteau, ou plutôt tout cela lui dévoila le mystère de la vie. Et comme Pierre, un an plus tôt elle murmura à son insu : — L'amour.

Et son regard retourna à la tombe de Pierre, et elle plaignit le poète de ne l'avoir point aimé.—Qui sait? dit-elle. Parmi toutes les filles de Lavergny, elle chercha une maîtresse à Pierre : d'abord, elle songea à une jolie fermière du val de Parmailles ; elle songea ensuite à une petite lingère de Paris, qui avait passé une saison au château ; mais elle eut beau chercher dans ses souvenirs, elle ne trouva pas l'amour de Pierre. Enfin, la vue de quelques myosotis étoilant le gazon lui rappela le bouquet funèbre du poète. — Mon Dieu! dit-elle tout à coup, quand il m'a offert ce bouquet, mon regard n'était-il pas trop tendre ? Je me souviens que ce pauvre enfant est devenu pâle comme la mort. Je me suis enfuie ; et là-bas, du coin de l'église, quand mon regard est revenu vers la haie, Pierre y était encore, la tête penchée, les mains tombantes... et puis cette pâleur, quand il me trouvait seule au château... et puis cette marguerite qu'il m'offrit un jour avec une si charmante maladresse... et puis ces vers amoureux... et puis cet horrible combat avec M. de Vermand...

Madame de Watteau contempla tristement le mausolée du poëte. Et s'assurant que nul ne la voyait :

— Pierre, Pierre, dit-elle d'une voix émue, est-ce donc moi que vous avez aimée ?

Elle sentit des larmes dans ses yeux ; ces larmes tombèrent sur la haie.

— Hélas ! reprit-elle, si ces larmes tombaient un peu plus loin.

Elle partit lentement. Quand elle eut dépassé le petit portail de l'église, elle ranima son cheval et son cheval s'élança impétueusement à travers la vallée. A la lisière du bois de Permailles, à la vue des mille fleurettes qui émaillaient la verdure, elle descendit et laissa pâturer son cheval dans les branches des noisetiers. Elle se mit à cueillir des myosotis et des marguerites, les fleurs des chastes amours ; les fleurs bleues comme le ciel et blanches comme les anges. Cependant la nuit tombait : déjà le fond de la vallée se perdait dans l'ombre, la première étoile scintillait et le silence devenait solennel. Madame de Watteau cacha son bouquet dans son sein et remonta à cheval. Elle retourna lentement comme les promeneurs qui craignent d'arriver. Elle arriva pourtant, mais ce fut grâce à son cheval ; elle arriva, vous devinez où : devant la haie du cimetière. Et là elle saisit son bouquet d'une main tremblante et le jeta sur la tombe du poète Pierre; je ne sais pourquoi une marguerite lui resta dans la main. Elle regarda sans respirer comme si la mort allait sortir de la terre pour ramasser le bouquet. Le feuillage du pommier frémissait aux baisers du vent, les ramiers du clocher battaient des ailes, le coq grinçait, le drapeau flottait bruyamment, les dernières rumeurs du soir venaient mourir au pied de l'église comme la prière de tous. Madame de Watteau perdue dans son rêve se laissa un peu effrayer par tous ces bruits fantastiques, elle s'imagina bientôt que les ames des défunts voltigeaient autour d'elle, et le dirai-je, elle tendit les bras avec égarement et les referma sur une ombre déjà aimée.

Et le rêve fini, elle se détacha de la haie et partit en voulant se moquer de cet amour étrange qui lui venait doucement comme un écho lointain; mais le cœur parla plus haut que l'esprit; et à peine fut-elle au bout de la haie qu'elle se mit à effeuiller la marguerite, comme aux premiers printemps de sa jeunesse; la marguerite lui dit ce qu'elle savait déjà : l'amour de Pierre.

Durant toute la saison, sur la tombe du poète, sa jeune sœur trouva chaque matin un nouveau bouquet.

Un jour que l'herbe n'avait pas de rosée, elle remarqua que le bouquet mystérieux était humide, — humide de larmes! D'une main distraite elle en secoua les perles et les parfums au-dessus du dernier gîte de Pierre. Digne prêtresse d'un amour si pur!

TABLE

DU DEUXIÈME VOLUME.

CHAP. I.—Marguerite. *(histoire écrite en 1834)*   1
    II. — Suzanne.   53
    III. — Madame du Rocher.   171
    IV. — Elisa.   195
    V. — Anna.   204
    VI. — Madame de Watteau.   213

ROMANS DE Mme LA COMTESSE DASH.

LE JEU DE LA REINE, 2 vol. in-8. 15 fr.
MADAME LOUISE DE FRANCE ET L'ÉCRAN, 2 vol. in-8. 15 fr.
MADAME DE LA SABLIÈRE ET LA CHAINE D'OR,
2 vol. in-8. 15 fr.
LES MÉMOIRES D'UNE FEMME DU MONDE. (*Sous presse.*)

SUZANNE
ET LA
CONFESSION DE NAZARILLE
Par M. ÉDOUARD OURLIAC.

2 vol. in-8°. 15 fr.

Ouvrages à 3 francs le volume.

VOYAGE EN ARABIE, par Tamisier, 2 vol. in-8 et carte.

VOYAGE EN ABYSSINIE, par Combes et Tamisier, 4 vol. in-8. et carte.

LETTRES SUR L'ESPAGNE, politiques et littéraires, par A. Guéroult, 1 vol. in-8.

OCCIDENT ET ORIENT, *Etudes morales, politiques et religieuses*, par E. Barrault, 2 vol. in-8.

UNE LARME DU DIABLE, roman, par Théophile Gautier, 1 vol. in-8.

LA COMÉDIE DE LA MORT, poésies, par Théophile Gautier, 1 vol. in-8.

LEO BURCKART, par Gérard, 1 vol. in-8.

CONSTITUTION DE L'UNIVERS, par Azaïs, 1 vol. in-8.

ÉCONOMIE SOCIALE : DES INTÉRÊTS DU COMMERCE, DE L'INDUSTRIE ET DE L'AGRICULTURE, par C. Pecqueur, 2 vol. in-8.

LÉGISLATION ET MODE D'EXCÉUTION DES CHEMINS DE FER, p. C. Pecqueur, 2 vol. in-8.

HISTOIRE DE LA FILIATION EL DES MIGRATIONS DES PEUPLES, par de Brotonne 2 vol. in-8.

www.ingramcontent.com/pod-product-compliance
Lightning Source LLC
Chambersburg PA
CBHW071300160426
43196CB00009B/1371